flaminio gundy

Montello

The hill of silence

MONTELLO
The hill of silence

by Flaminio Gundy

All rights reserved.
No part of this book may be used or reproduced in any manner without written permission of the publisher.

Copyright © 2018 by Flaminio Gundy

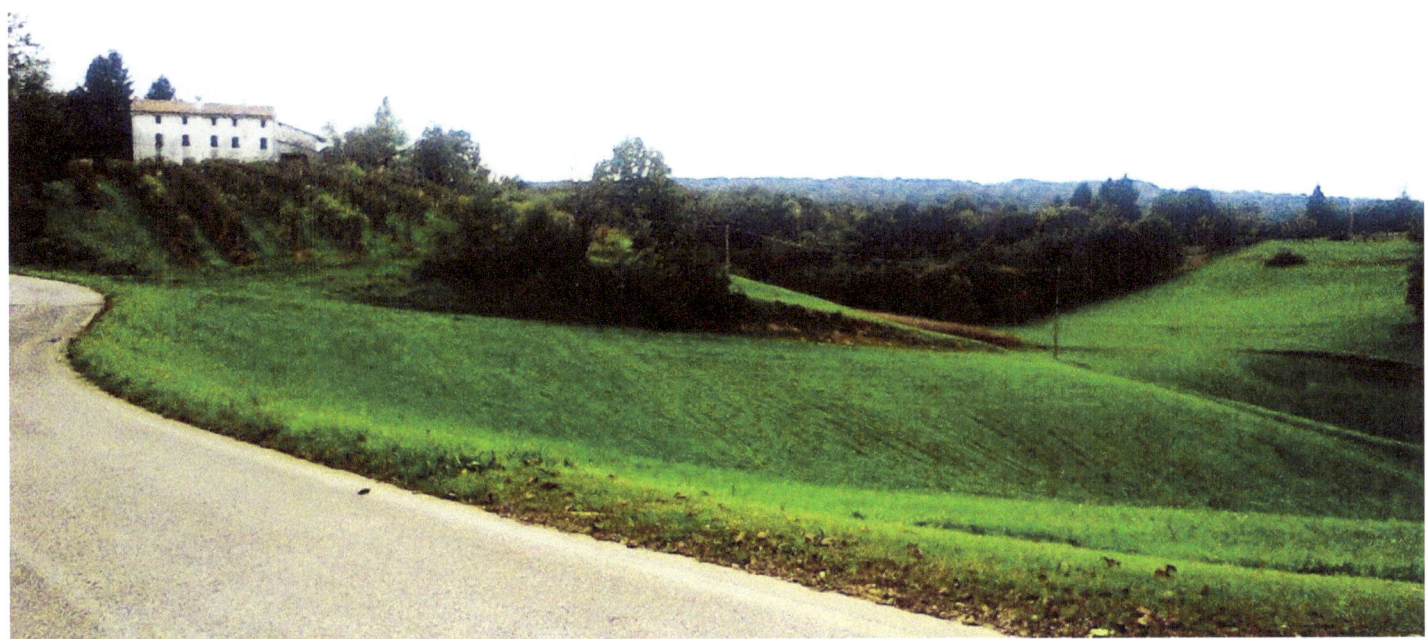

October   North Presa 6, via Annibale Carretta

Montello is a compact and massive relief in Treviso's province (Veneto, Italy). Its modest height does not characterize it as a real mountain, but more than a hill it is a small mountain, as the name indicates, smoothed on its northern and eastern side by the course of Piave and overlooking the plain in the slope Southern.

Il Montello è un rilievo compatto e massiccio della provincia di Treviso (Veneto, Italia). La sua altezza modesta non lo caratterizza come una vera e propria montagna, ma più che una collina si tratta, proprio come indica il nome, di un piccolo monte, levigato nel suo versante settentrionale e orientale dal corso del Piave e affacciato alla pianura nel versante meridionale.

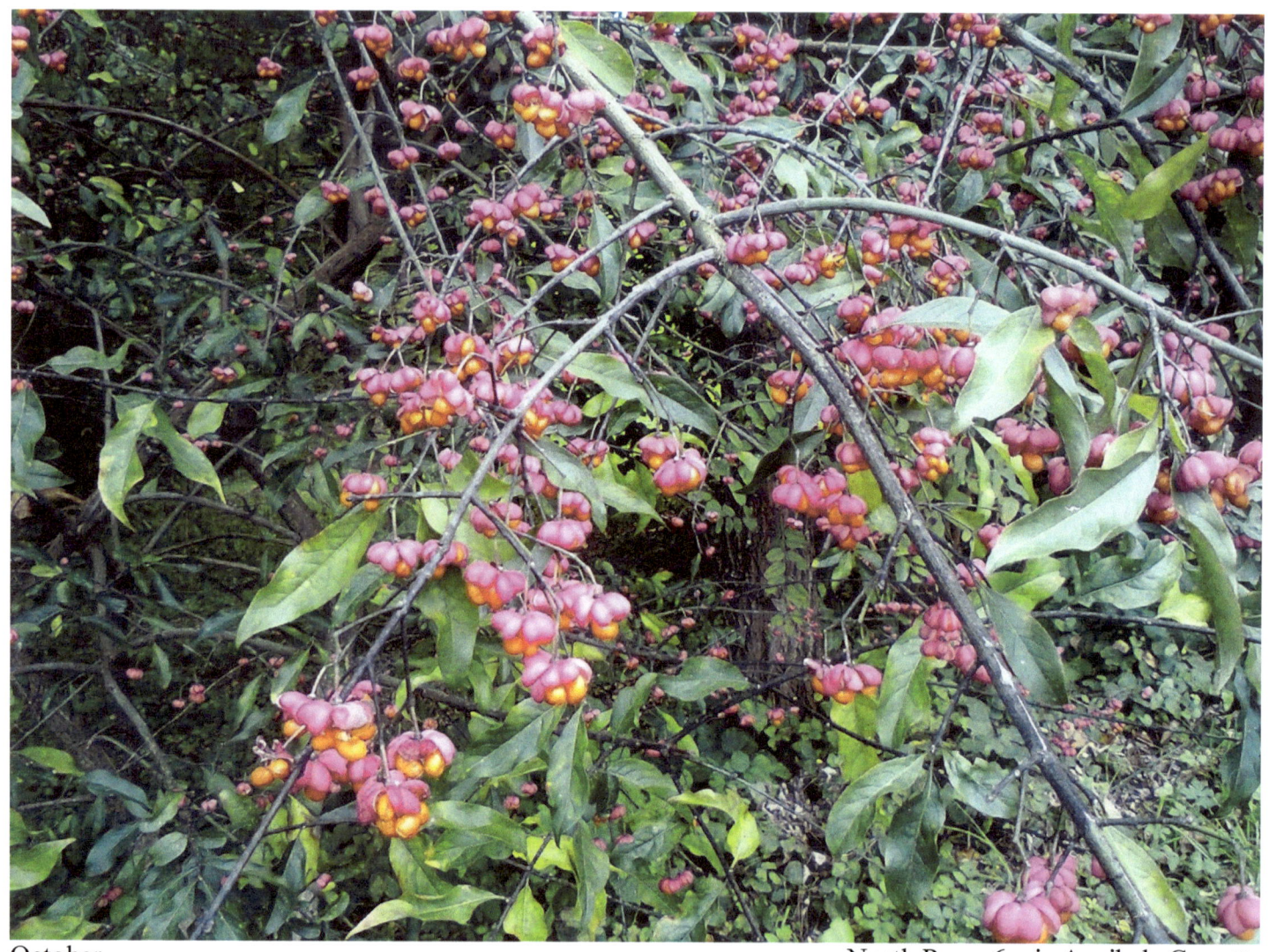

October   North Presa 6, via Annibale Carretta

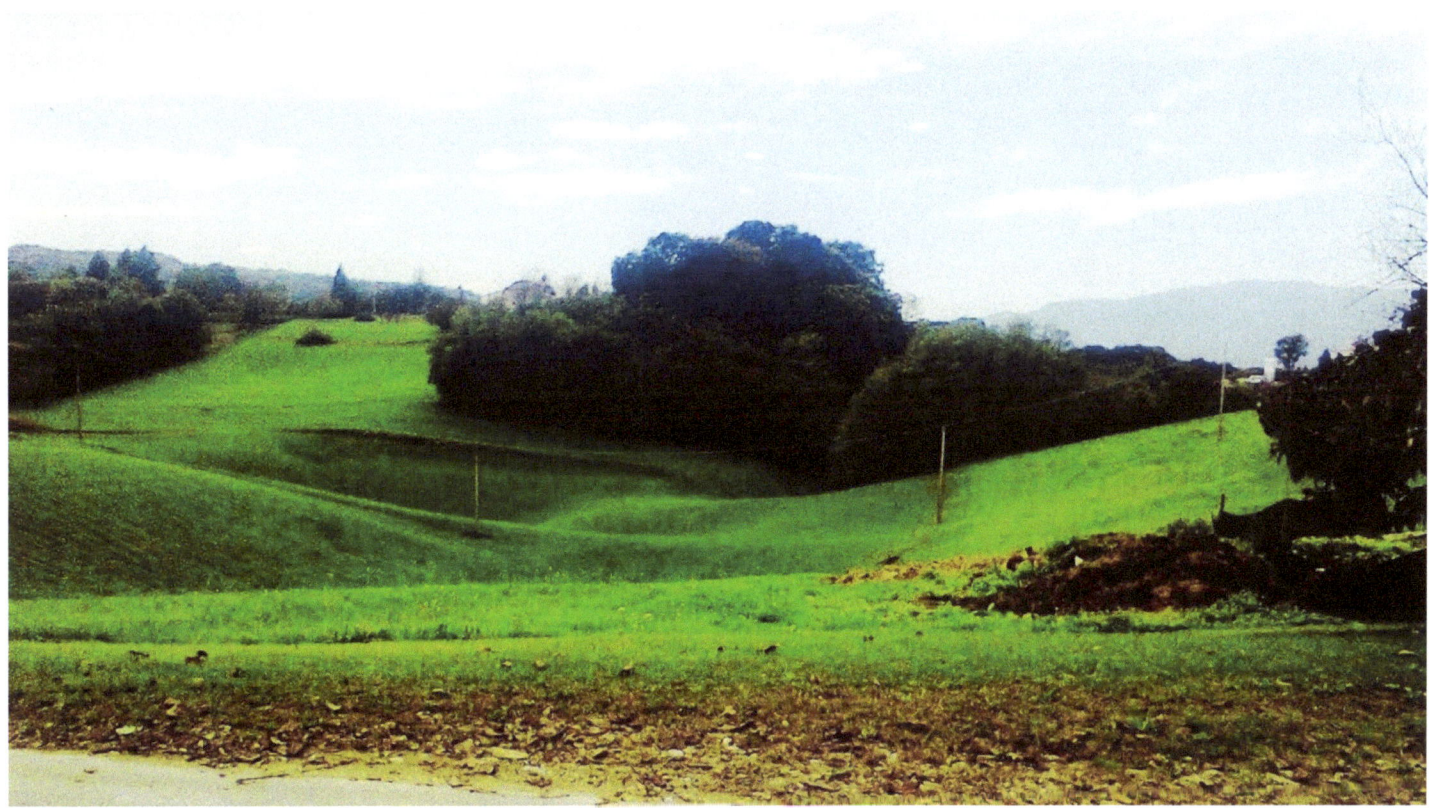

October   North Presa 6, via Annibale Carretta

On the Montello there are no streams or other surface watercourses, because the water reserves flow in underground ravines and the waters come out of some important and suggestive sources, such as the Foramen in the southern slope. In fact it is characterized by numerous karst phenomena, such as dolines and caves.

Sul Montello non sono presenti ruscelli o altri corsi d'acqua superficiali, perché le riserve idriche scorrono in anfratti sotterranei e le acque fuoriescono da alcune importanti e suggestive sorgenti, come il Forame nella scarpata meridionale. E' caratterizzato infatti da numerosi fenomeni carsici, come le doline e le grotte.

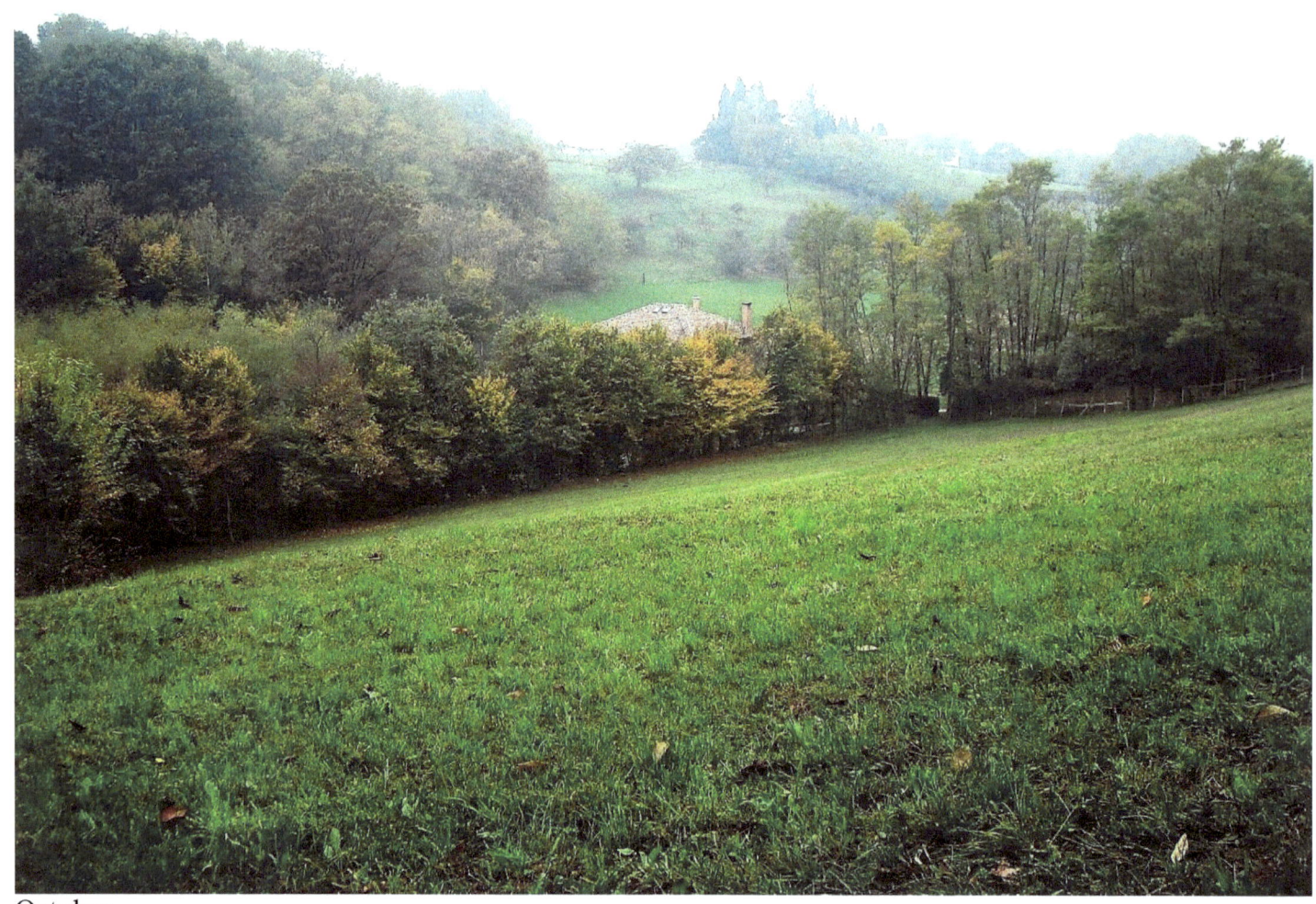

October

The Montello is divided along its entire length from the ridge road that joins the western tip of Biadene to the eastern one of Nervesa della Battaglia and is intersected almost perpendicularly by 21 *strade di presa*. The real *prese* are the vertical bands of territory between one street and another, set up in this arrangement by the Serenissima Republic from the fifteenth century to collect timber for the construction of military ships (in the Arsenal) and the installation of civil foundations.

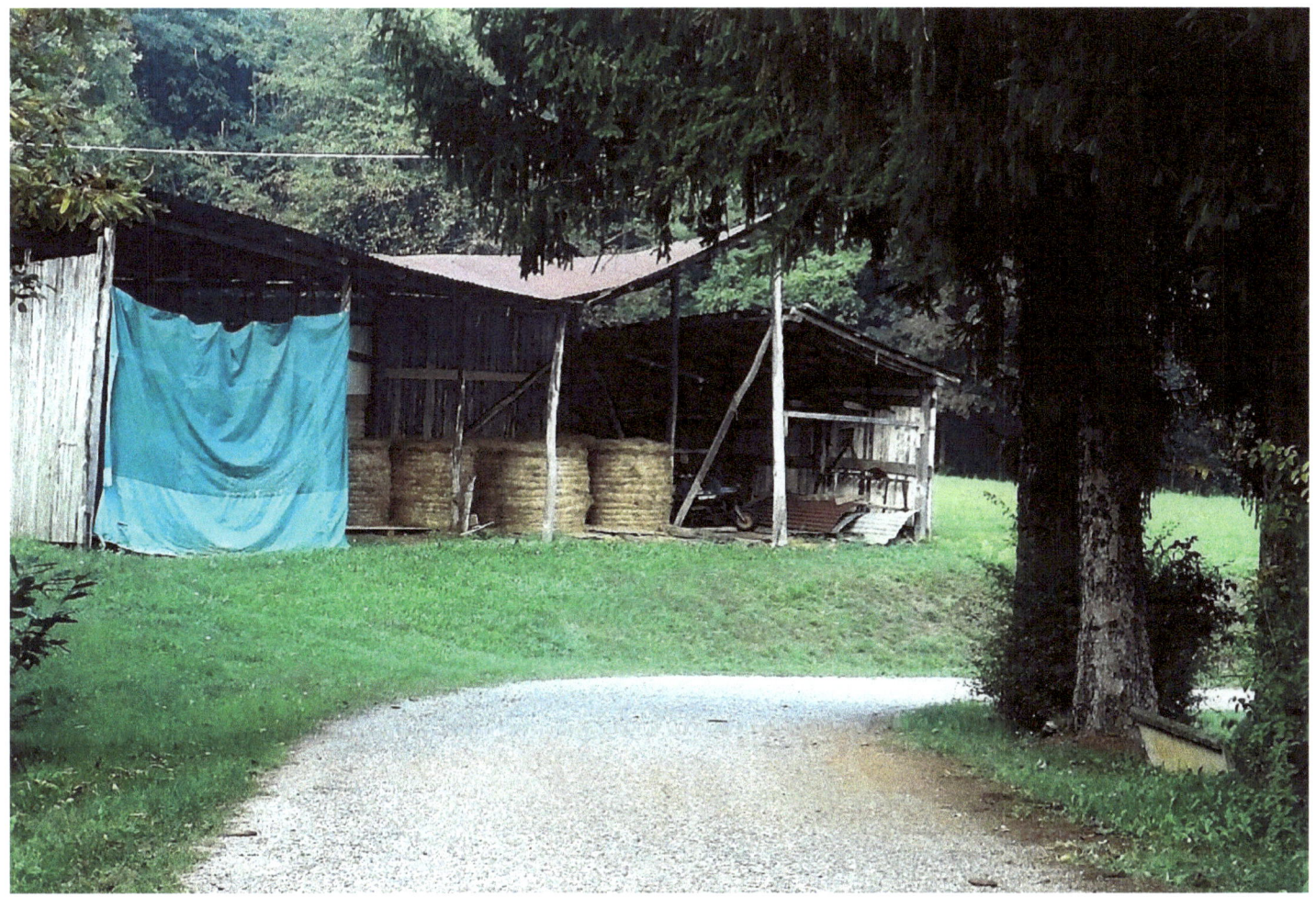

October   via La Militare

Il Montello è diviso per tutta la sua lunghezza dalla strada dorsale che congiunge la punta occidentale di Biadene a quella orientale di Nervesa della Battaglia ed è intersecata quasi perpendicolarmente da 21 strade di presa. Le prese vere e proprie sono le fasce verticali di territorio comprese fra una strada e l'altra, impostate in tale assetto dalla Repubblica Serenissima a partire dal XV secolo per raccogliere il legname per la costruzione delle navi militari (nell'Arsenale) e l'impianto delle fondazioni civili.

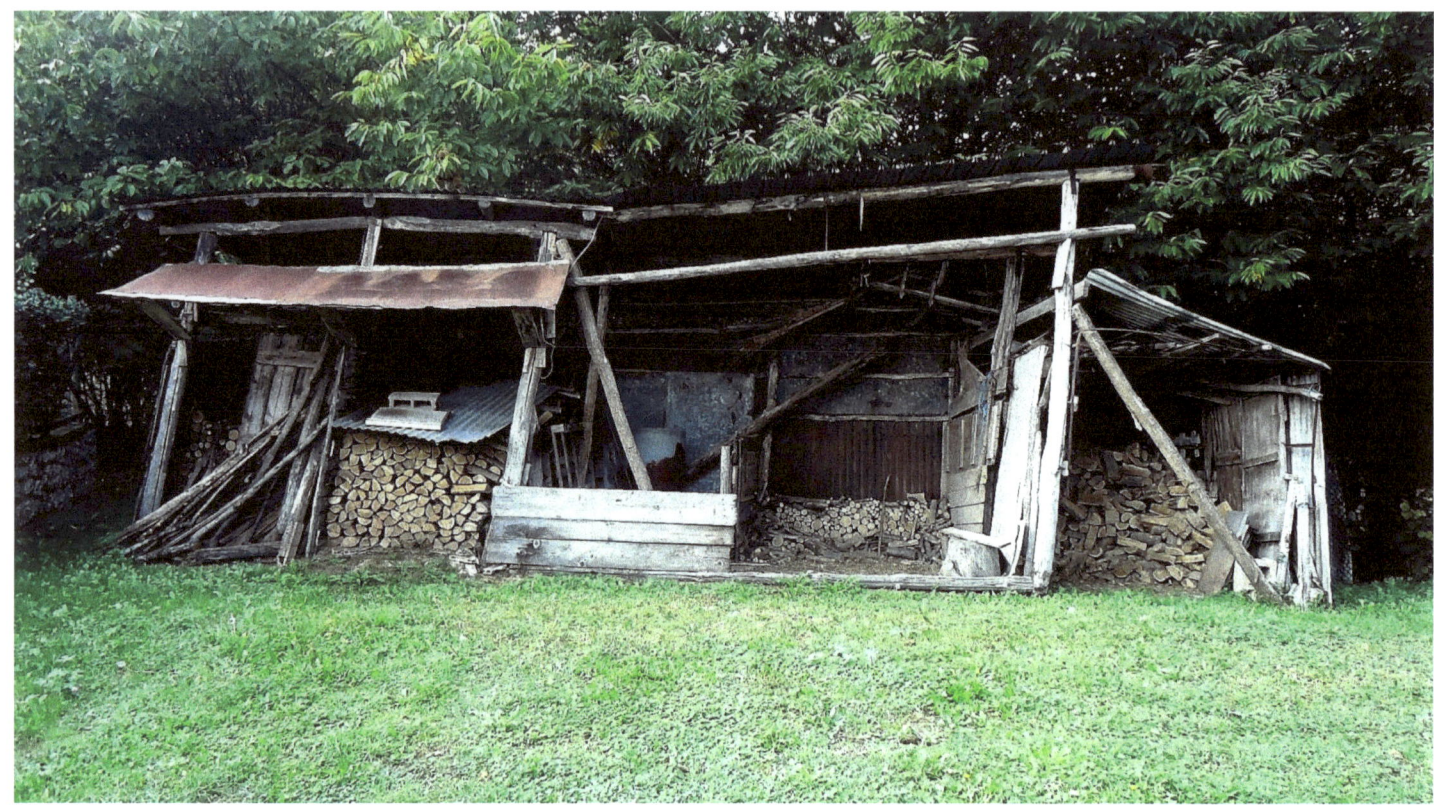

October   via La Militare

The *strade di presa* are indicated with 21 numbers from the east and associated with a name almost always linked to the tragic events of the Great War. It is therefore twenty-one roads that descend to the Piave on the north side and as many to the plain on the south side, very often immersed in the thickest bush. Singular for their Amazonian appearance, some of them still preserve the intact one of the past because of the dirt road and perhaps for this still not very congested, frequented only by hikers and cyclists.

Le strade di presa vengono indicate con 21 numeri a partire da est e associate a un nome legato quasi sempre ai tragici fatti della Grande Guerra. Si tratta quindi di ventuno strade che scendono fino al Piave sul versante nord e altrettante verso la pianura sul versante sud, molto spesso immerse nella più fitta boscaglia. Singolari per il loro aspetto amazzonico, alcune di esse conservano ancora quello integro del passato per via del fondo sterrato e forse per questo ancora poco trafficate, frequentate solo da escursionisti e ciclisti.

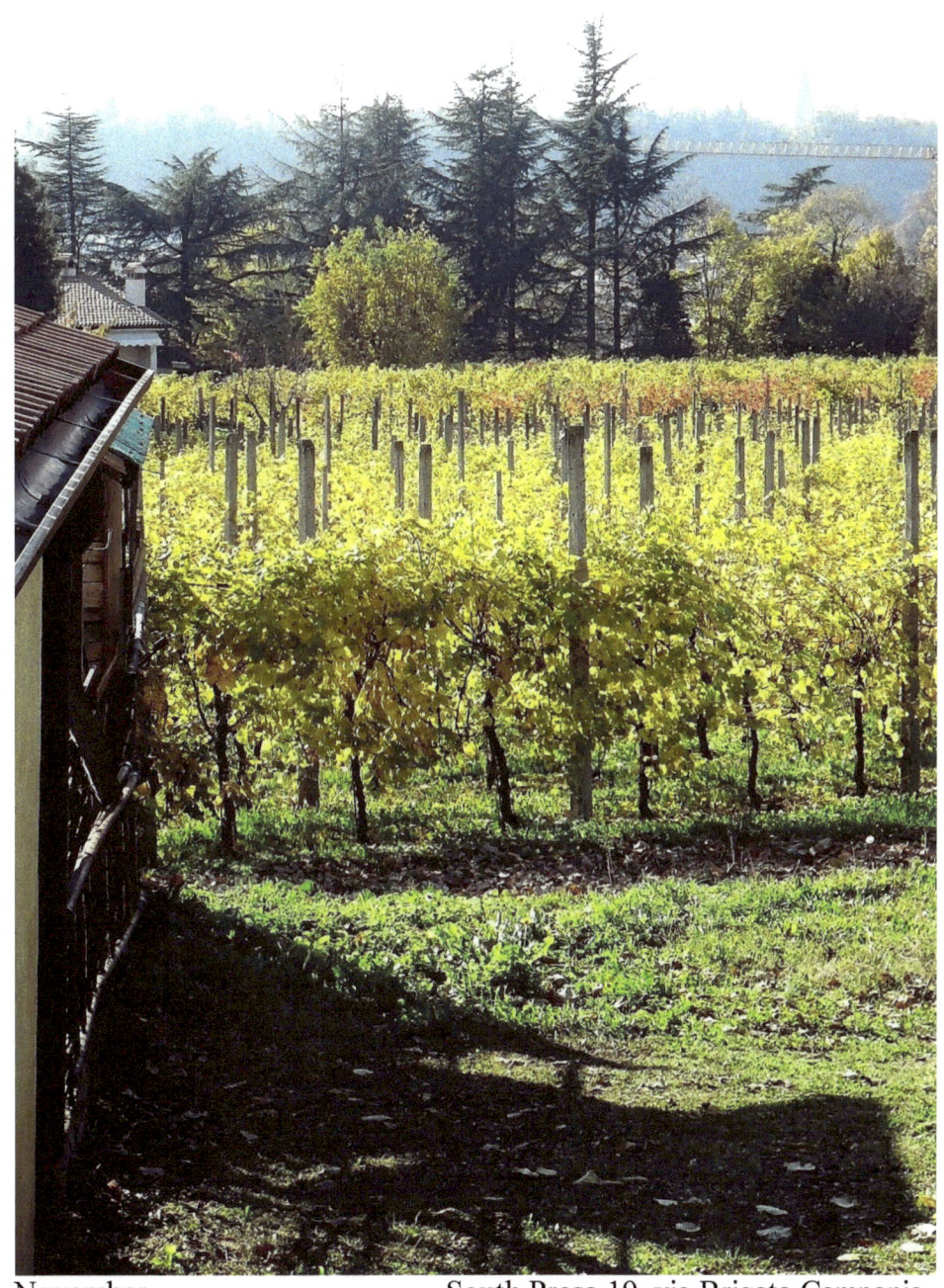

November — South Presa 19, via Brigata Campania

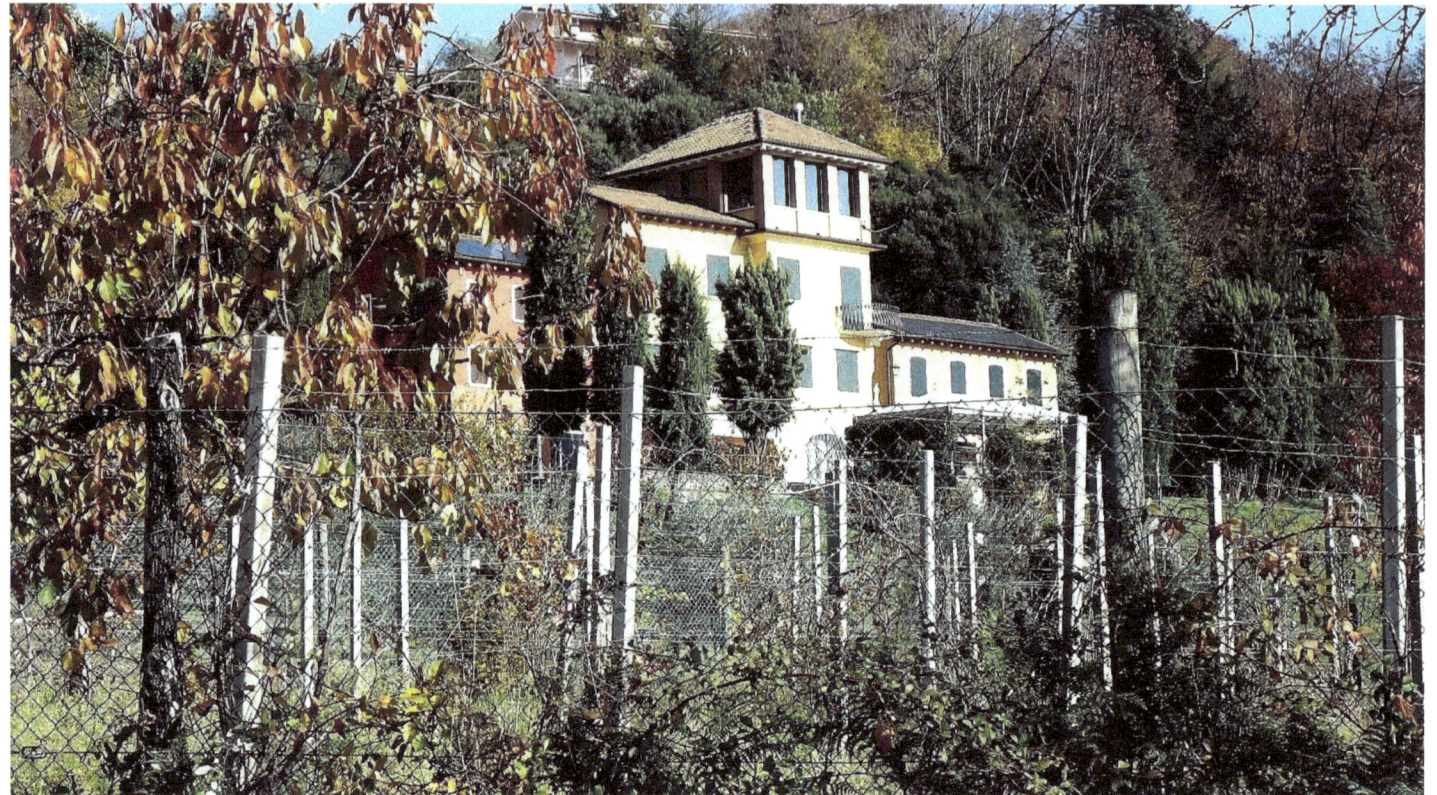

November — South Presa 19, via Brigata Campania

Francesco Baracca (Lugo di Romagna, 9 May 1888 - Nervesa della Battaglia, 19 June 1918) Gold Medal for Military Valor in the First World War and considered the main ace of Italian aviation with thirty-four air victories attributed. Released in 1909 by the Cavalry of the Royal Italian Army as a second lieutenant he was assigned the following year to the 2nd Cavalry Regiment stationed in Rome. Here he became passionate about aviation by attending an aerial exercise at Centocelle airport and in 1912 he was admitted to courses at the flying school in France, where he obtained the pilot's license.

***Francesco Baracca** (Lugo di Romagna, 9 maggio 1888 - Nervesa della Battaglia, 19 giugno 1918) Medaglia d'Oro al Valor Militare nella prima guerra mondiale e considerato il principale asso dell'aviazione italiana con trentaquattro vittorie aeree attribuite. Uscito nel 1909 dall'Arma di Cavalleria del Regio Esercito Italiano come sottotenente fu assegnato l'anno successivo al 2° Reggimento cavalleria di stanza a Roma. Qui si appassionò all'aviazione assistendo a una esercitazione aerea dell'aeroporto di Centocelle e nel 1912 fu ammesso ai corsi della scuola di pilotaggio in Francia, dove conseguì il brevetto di pilota.*

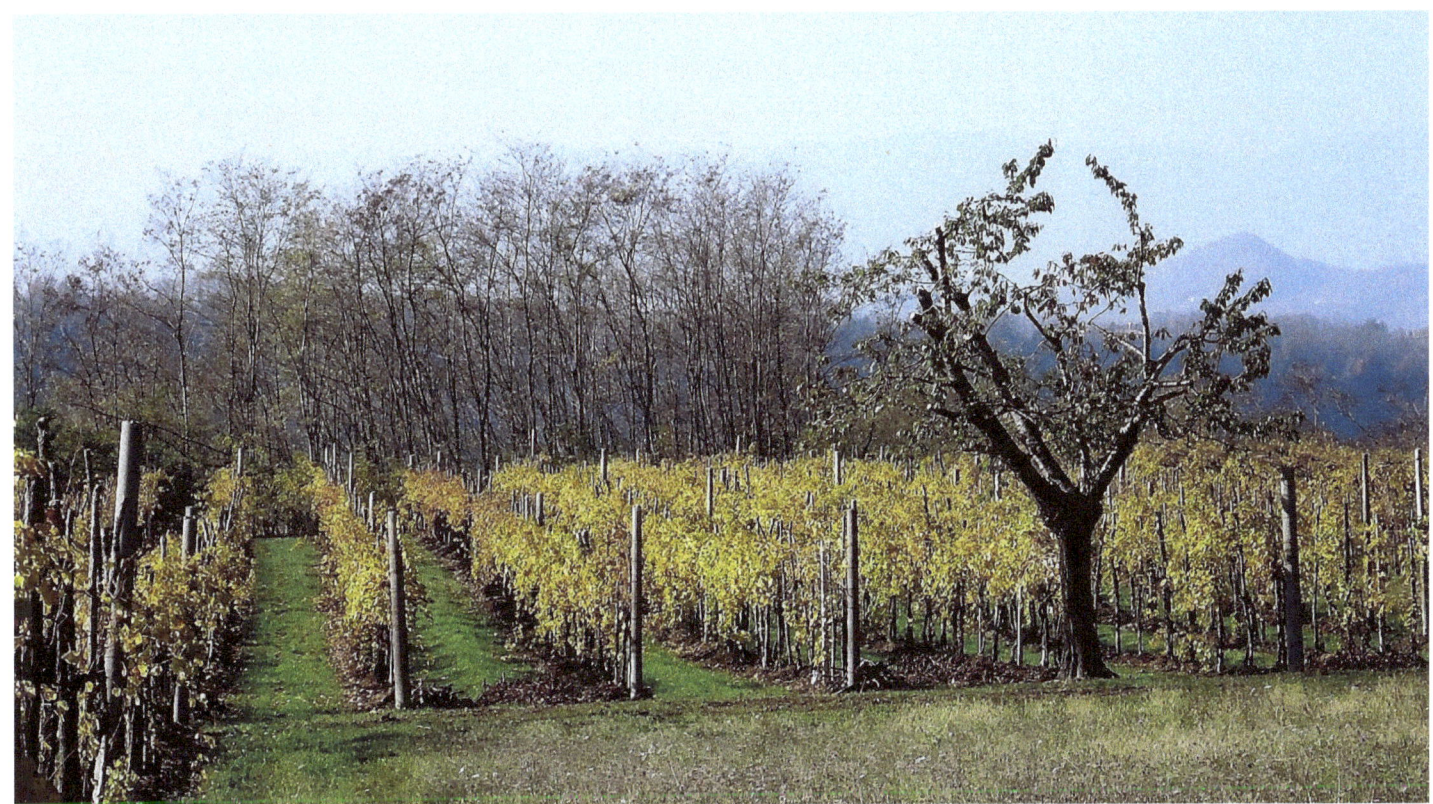

November　　　　　　　　　　　　　　　　　　　South Presa 19, via Brigata Campania

In July 1915, patrolling flights began with the 2nd Reconnaissance and Combat Squadron. Transfered in 1917 to the 91st Squadron, Baracca painted on his plane the black prancing horse, the same one that years later his mother gave to Enzo Ferrari proposing to put it on his sports cars. From now on his plane will be the French SPAD (Societe Pour l'Aviation et ses Dérivés) S.VII. In September 1917 he was promoted major with nineteen victories to his credit, bringing the total of his victories to thirty, after the defeat of Caporetto, with the new SPAD S.XIII.

Nel luglio del 1915 cominciò i voli di pattugliamento con la 2ª Squadriglia da ricognizione e combattimento. Trasferito nel 1917 alla 91ª Squadriglia, Baracca dipinse sul suo aereo il cavallino nero rampante, quello stesso che anni dopo la madre consegnò a Enzo Ferrari proponendogli di metterlo sulle sue macchine sportive. D'ora in poi il suo aereo sarà il francese SPAD (Sociéte Pour l'Aviation et ses Dérivés) S.VII. Nel settembre 1917 venne promosso maggiore con diciannove vittorie al suo attivo, portando il totale delle sue vittorie a trenta, dopo la disfatta di Caporetto, con il nuovo SPAD S.XIII.

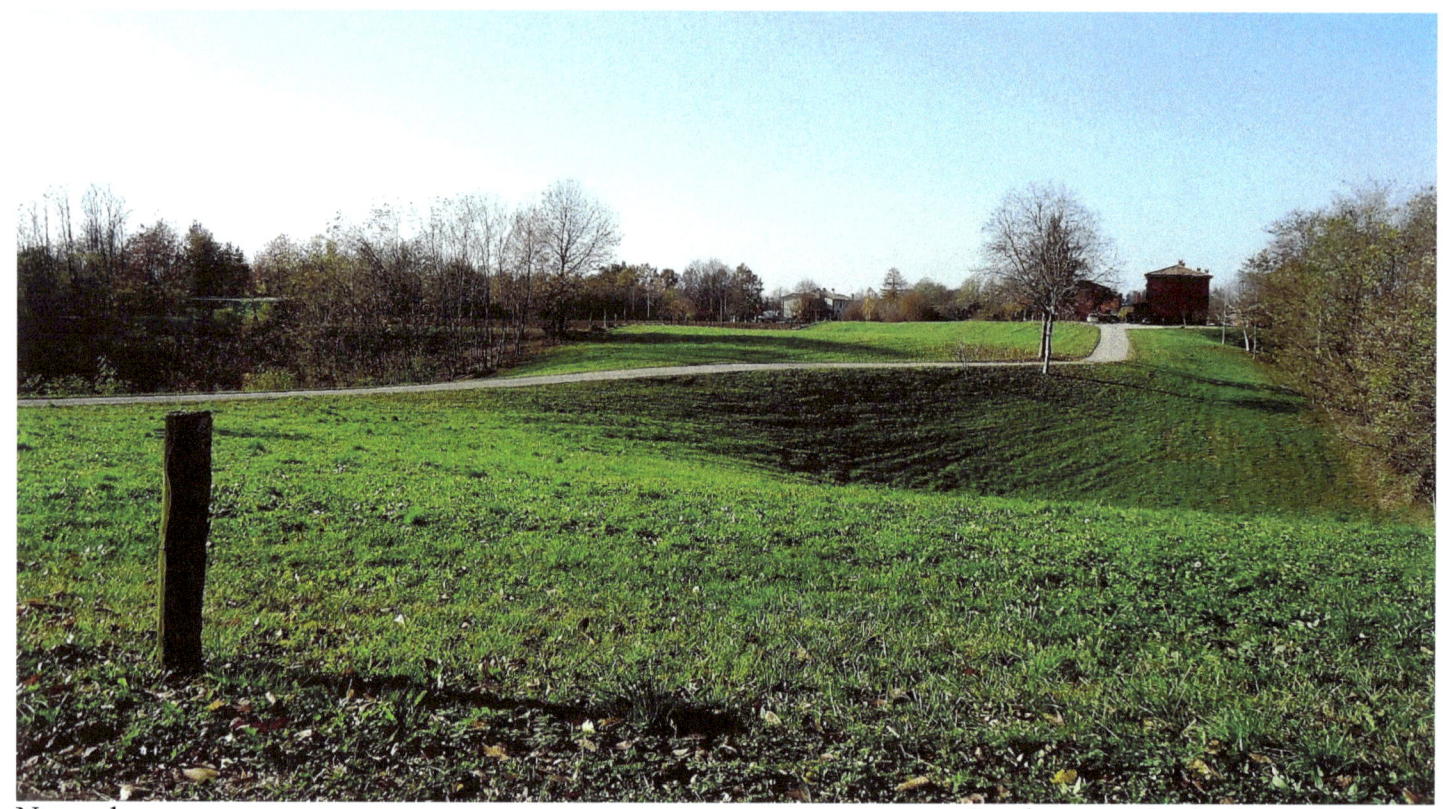

November   South presa 18, via General Fiorone

Returned to action in May 1918 after a period of leave and taken off from the field of Quinto di Treviso with a SPAD S.VII, a biplane single-seat fighter plane, because his SPAD S.XIII was damaged by a previous mission, Baracca was shot down during a low-flying over Colle Val dell'Acqua (Montello). He will be found a few days later next to the remains of his plane in the locality "Busa delle Rane", burned in several places and presenting a wound in the crook of his right eye. The funeral took place in Quinto di Treviso and the eulogy was pronounced by the poet Gabriele D'Annunzio.
The Presa I of Montello is dedicated to his memory.

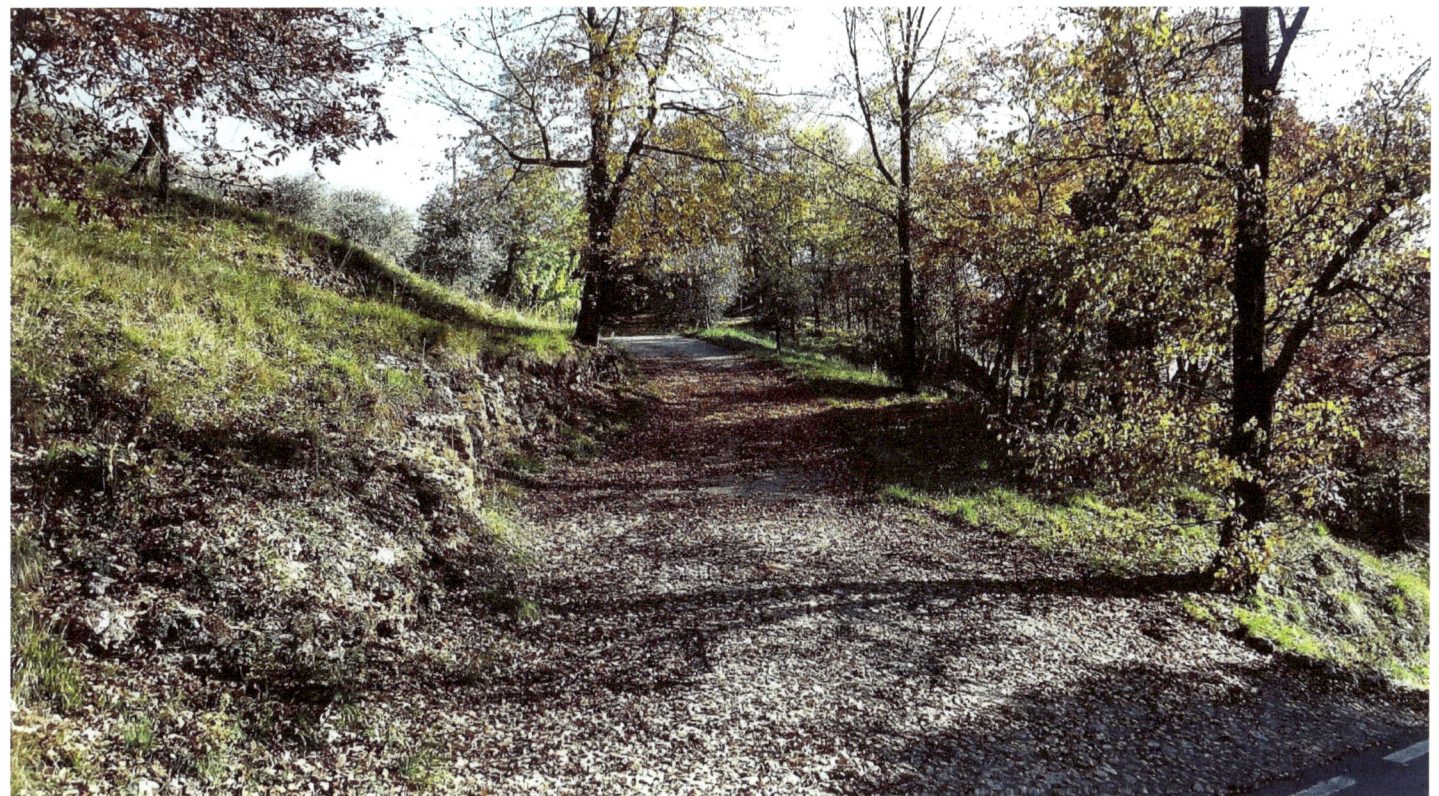

November · South Presa 18, via General Fiorone

Ritornato in azione nel maggio 1918 dopo un periodo di congedo e decollato dal campo di Quinto di Treviso con uno SPAD S.VII, un aereo da caccia monoposto biplano, ché il suo SPAD S.XIII risultava danneggiato da una missione precedente, Baracca venne abbattuto durante un volo radente sopra Colle Val dell'Acqua (Montello). Verrà ritrovato qualche giorno dopo accanto ai resti del suo aereo in località "Busa delle Rane", ustionato in più punti e presentando una ferita nell'incavo dell'occhio destro. Le esequie si svolsero a Quinto di Treviso e l'elogio funebre venne pronunciato dal poeta Gabriele D'Annunzio.
Alla sua memoria è dedicata la Presa I del Montello.

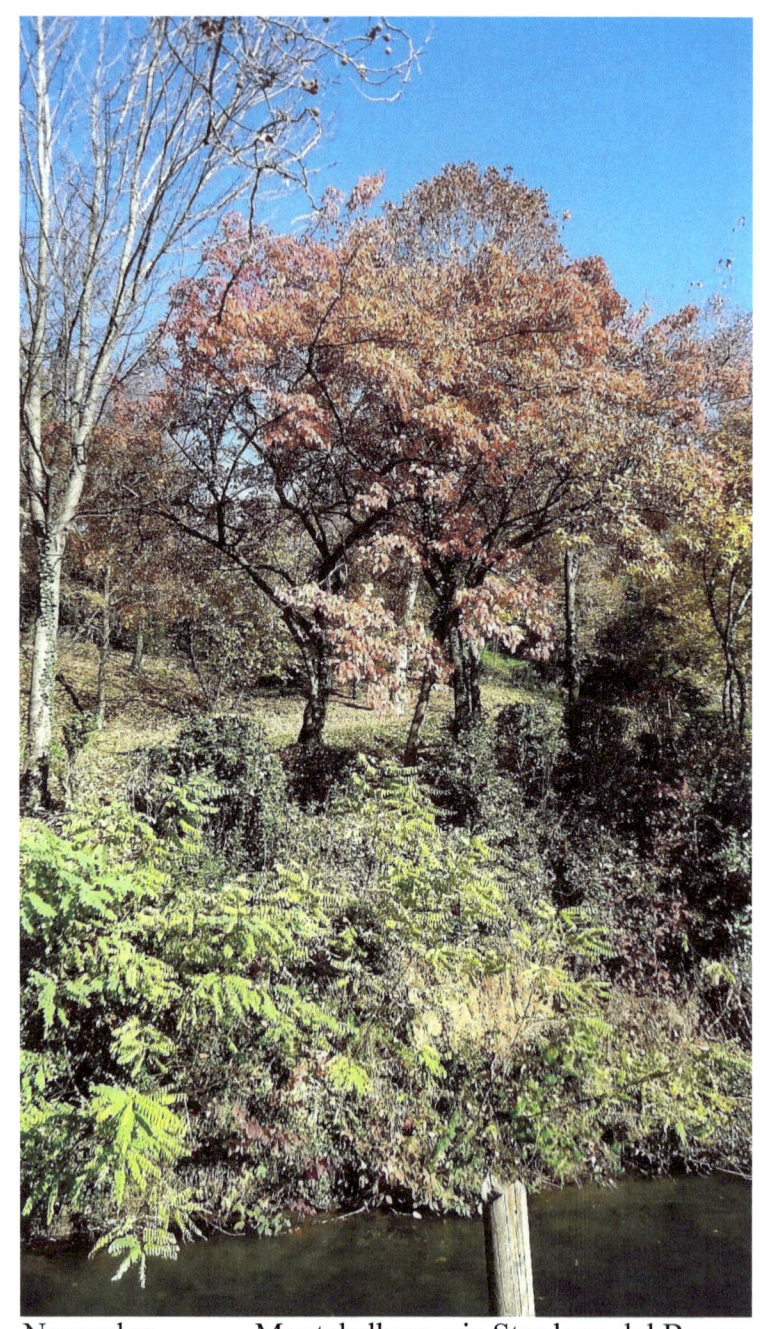

November　　　Montebelluna, via Stradone del Bosco

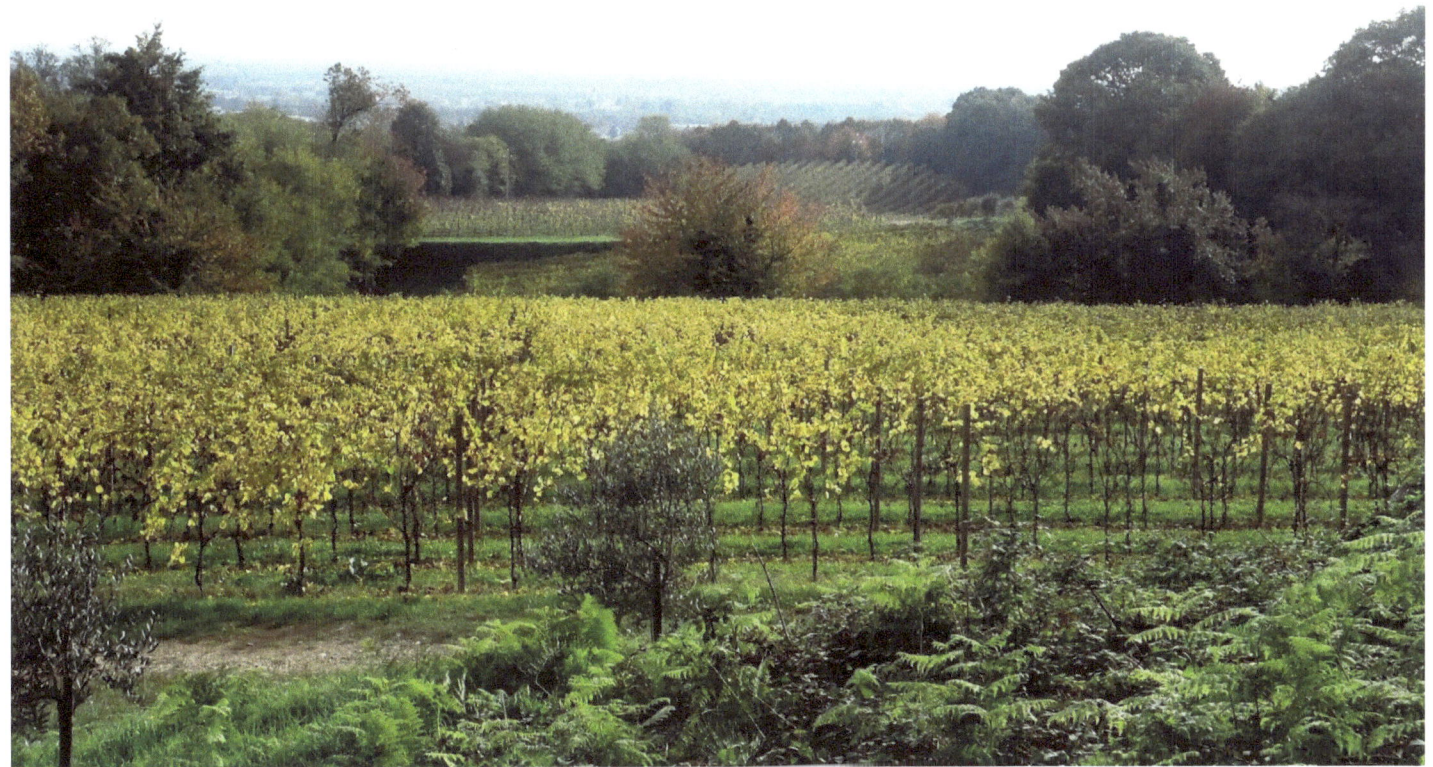

November — South Presa 4, via Luigi Lama

Guido Alessi (Rome 24 May 1890 - Nervesa della Battaglia, 19 June 1918). He fought in the First World War, with the 39th Infantry Regiment, with the rank of lieutenant. He was decorated in 1922 with the Gold Medal for the value shown in battle.

Son of a Garibaldino and nephew of a bersagliere of Porta Pia (Rome, 1870), both decorated with a Silver Medal, Guido began his experience as a fighter at the age of twenty, in the War of Libya in 1911-12, and then takes leave and gets a job at the Ministry of the Interior. In May 1915 he was denied enlistment because he was considered more useful as an official of the state administration. In response, Guido renounces the opportunity to escape the dangers of front, resigns from the convenient task and wears the uniform to fighting his war as a corporal, always miraculously coming out unharmed. After the first two years of war on the Col di Lana Massif (Livinallongo, Belluno), distinguishing by his ardor, he obtains promotion to the rank of lieutenant.

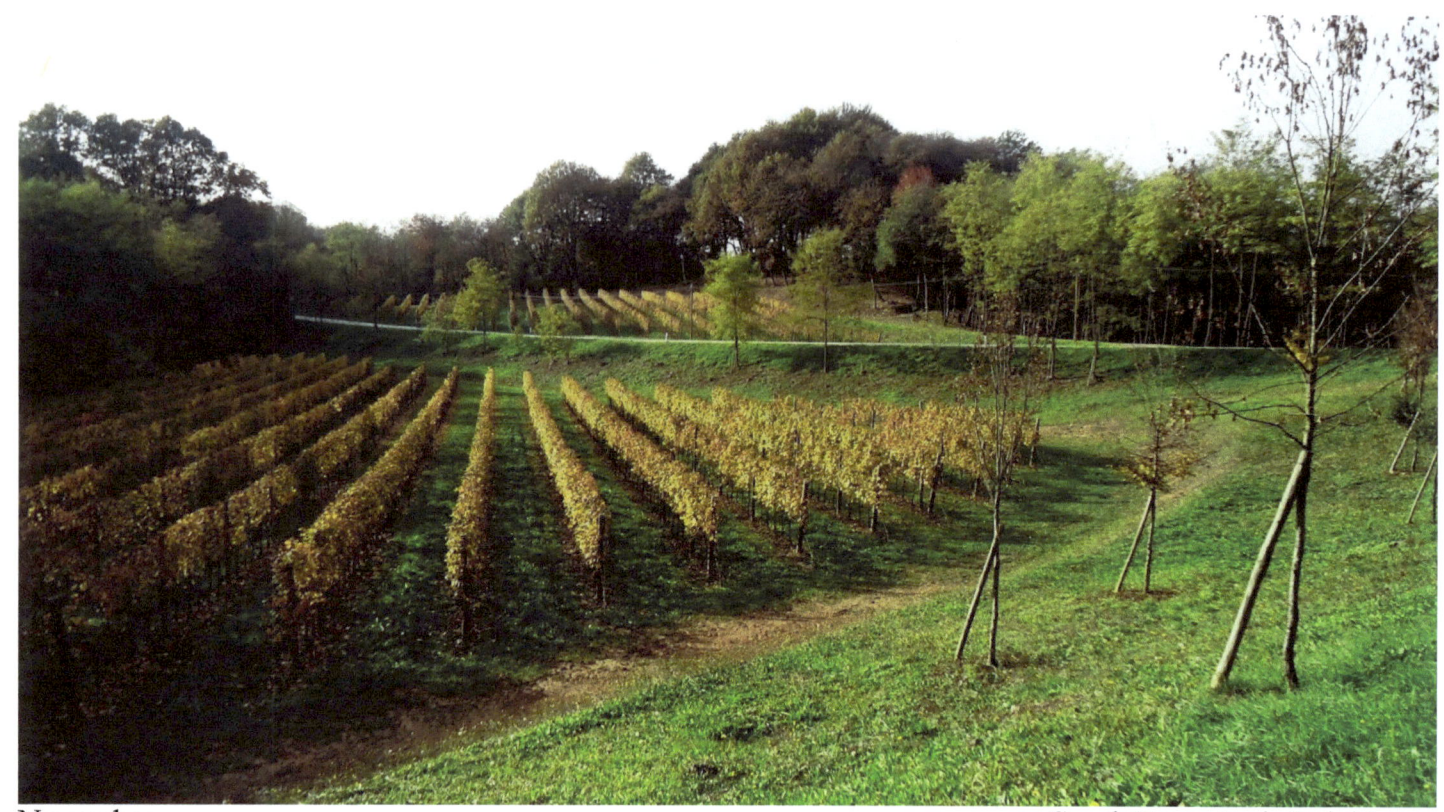

November   South Presa 4, via Luigi Lama

Guido Alessi *(Roma 24 maggio 1890 - Nervesa della Battaglia, 19 giugno 1918). Combatté nella prima guerra mondiale, con il 39° Reggimento Fanteria, con il grado di tenente. Fu decorato nel 1922 con la Medaglia d'oro alla memoria per il valore mostrato in battaglia.*
Figlio di un garibaldino e nipote di un bersagliere di Porta Pia (Roma, 1870), entrambi decorati di Medaglia d'Argento, Guido inizia la sua esperienza di combattente a vent'anni, nella Guerra di Libia del 1911-12, poi si congeda e ottiene un impiego al Ministero degli Interni. Nel maggio 1915 gli viene negato l'arruolamento perché ritenuto più utile come funzionario dell'amministrazione statale. Come risposta Guido rinuncia all'opportunità di sfuggire ai pericoli del fronte e si dimette dal comodo incarico per vestire uniforme e combattere la sua guerra come caporalmaggiore, uscendone sempre miracolosamente illeso. Trascorsi i primi due anni di guerra sul Massiccio del Col di Lana (Livinallongo, Belluno), distinguendosi per il suo ardore, ottiene la promozione al grado di tenente.

December   British Cemetery

Still in July 1917 the Ministry commands him to resume his place in the offices of Rome, but Guido, determined not to take the opportunity of abandon forever the hell of front, resigns definitively from his job and hurries to wear again his uniform of official. Immediately he is sent to the Massiccio del Grappa and fights on Mount Asolone, as Auxiliary Major in the 39th Infantry Regiment of the Bologna Brigade.

On June 19, 1918, during the general counterattack on the Montello, the 39th Regiment received the order to advance along the Presa VII, but was stopped by the Bosnian Croatian army. The officer Guido Alessi fights unsparing and is wounded twice. Here, too, he has the opportunity to be medicated in the rear, instead he gets up and stubbornly returns to the head of his soldiers. This time, however, his fortune can do nothing against a new bullet that definitively struck him.

The Presa II of Montello is dedicated to his memory.

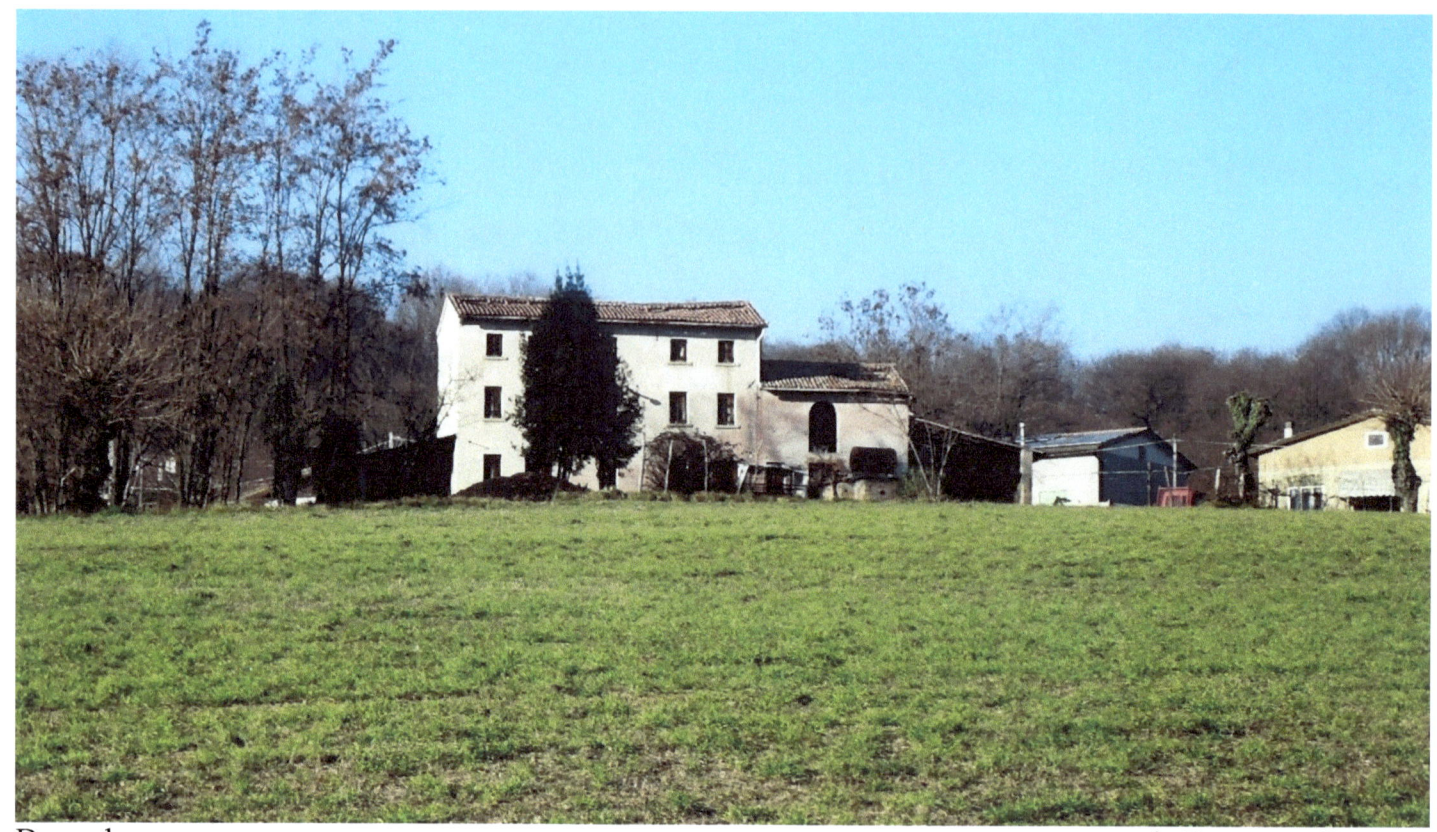

December   via Francesco Baracca

Ancora nel luglio del 1917 il Ministero gli intima di riprendere il suo posto negli uffici di Roma, ma Guido, risoluto a non cogliere l'occasione di abbandonare per sempre l'inferno del fronte, si dimette definitivamente dal suo impiego e si affretta a indossare nuovamente la sua divisa di ufficiale. Subito viene inviato sul Massiccio del Grappa e combatte sul Monte Asolone, come Aiutante Maggiore nel 39° Reggimento Fanteria della Brigata Bologna.

Il 19 giugno 1918, durante il contrattacco generale sul Montello, il 39° Reggimento riceve l'ordine di avanzare lungo la Presa VII, ma viene fermato dalle fanterie bosniaco croate. L'ufficiale Guido Alessi combatte senza risparmio e viene ferito due volte. Anche qui ha l'opportunità di farsi medicare nelle retrovie, invece si rialza e caparbiamente torna alla testa dei suoi soldati. Questa volta però la sua fortuna non può nulla contro una nuova pallottola che lo stronca definitivamente.

Alla sua memoria è dedicata la Presa II del Montello.

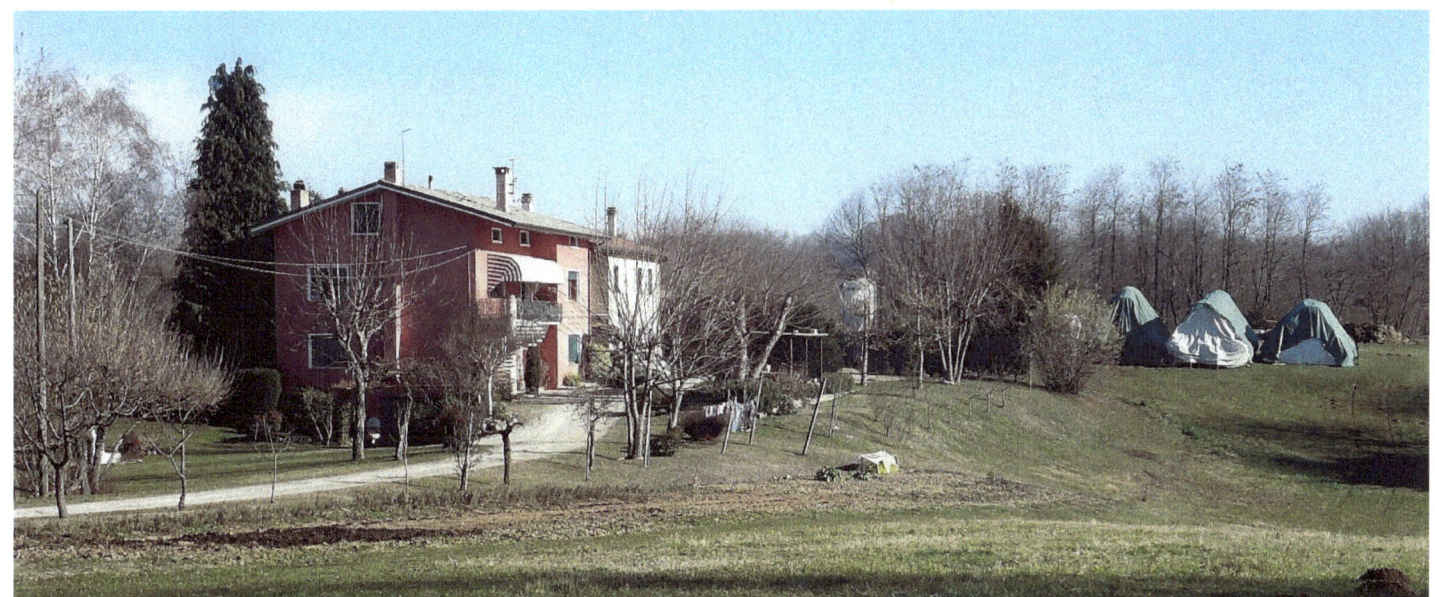

January   North presa 19, via Brigata Campania

Umberto Sacco (Alba, 10 June 1898 - Giavera del Montello, 20 June 1918) Italian soldier decorated with the Gold Medal for Military Valor. He died only twenty years old during the battle of the Solstice (June 1918) while attempting the assault on the Austro-Hungarian stronghold of the Serena house on Montello. Despite a serious injury to his right knee, Umberto ordered the soldiers who transported him not to look after him and run to the aid of the battalion commander, but was in turn attacked by an enemy patrol. He was buried in the Venegazzù cemetery on 25 June 1918.
The Presa III of Montello is dedicated to his memory.

Umberto Sacco *(Alba, 10 giugno 1898 - Giavera del Montello, 20 giugno 1918) soldato italiano decorato con la Medaglia d'Oro al Valor Militare. Morì a soli vent'anni durante la battaglia del Solstizio (giugno 1918) mentre tentava l'assalto al caposaldo austro-ungarico di casa Serena, sul Montello. Nonostante una grave ferita al ginocchio destro Umberto ordinava ai soldati che lo trasportavano di non badare a lui e correre in aiuto del comandante del battaglione, ma fu a sua volta assalito da una pattuglia nemica. Fu sepolto nel cimitero di Venegazzù il 25 giugno 1918.*
Alla sua memoria è dedicata la Presa III del Montello.

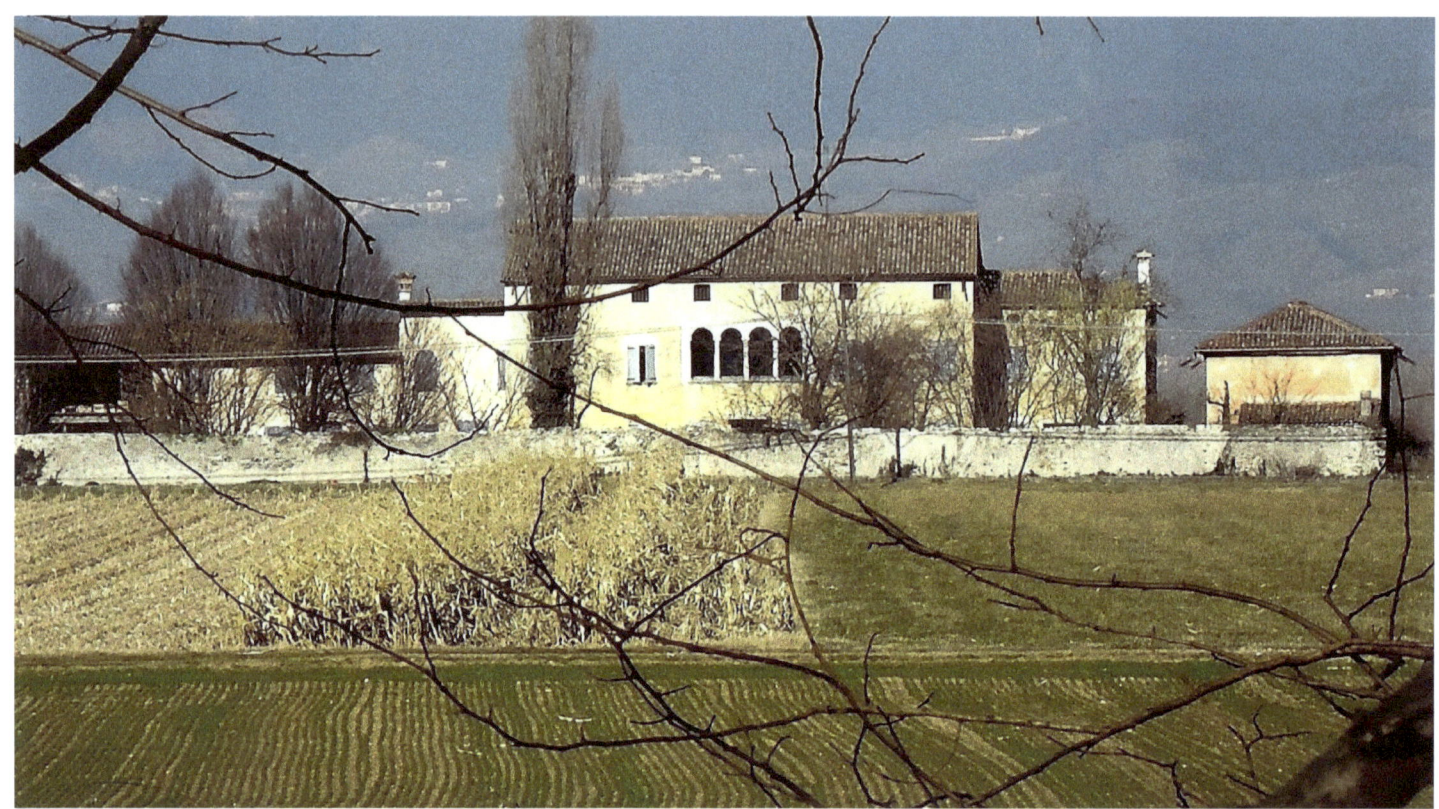

January — Ciano del Montello

Luigi Lama (Aosta, 12 January 1891 - Giavera del Montello, 20 June 1918) was an Italian officer, decorated with the Gold Medal for Military Valor. He was an infantry major and commander of the 3rd Battalion of the 73rd Regiment of the Lombardy Brigade. With his men he took part in the attack of the Serena house, the Austro-Hungarian stronghold on the northern side of Montello. The action was a failure and Lama himself heroically found death under enemy blows. The Presa IV of Montello is dedicated to his memory.

__Luigi Lama__ (Aosta, 12 gennaio 1891 - Giavera del Montello, 20 giugno 1918) è stato un ufficiale italiano, decorato con la Medaglia d'Oro al Valor Militare. Fu maggiore di fanteria e comandante del III Battaglione del 73° Reggimento della Brigata Lombardia. Con i suoi uomini partecipò all'attacco di casa Serena, caposaldo austro-ungarico sul versante settentrionale del Montello. L'azione fu un fallimento e lo stesso Lama trovò eroicamente la morte sotto i colpi nemici. Alla sua memoria è dedicata la Presa IV del Montello.

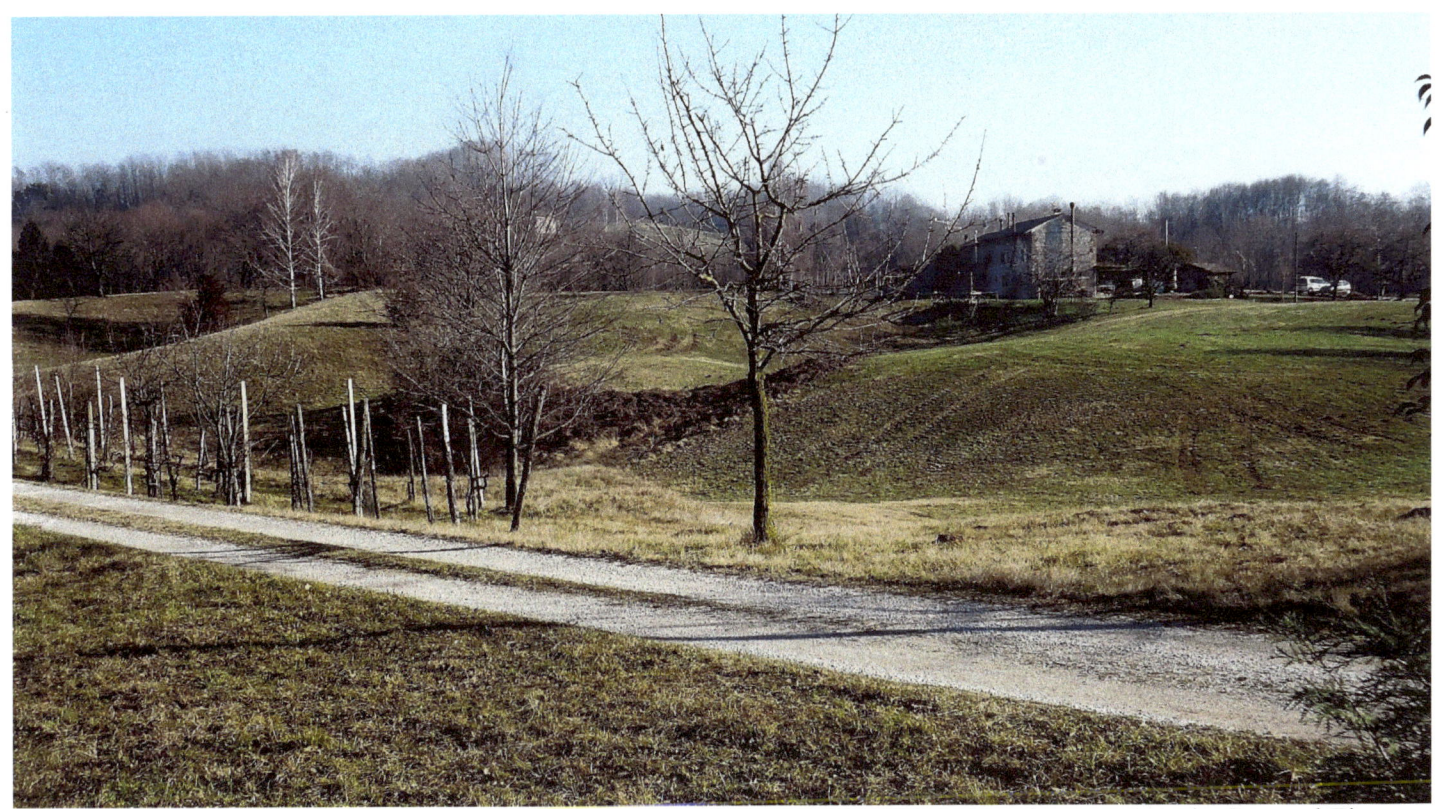

January   North presa 18, via General Fiorone

The **Battle of the Solstice** was fought in June 1918 between the Royal Italian Army and the Imperial Royal Austro-Hungarian Army and engaged the Austro-Hungarians in their last great offensive of the First World War. The name "battle of the solstice" was used for the first time by the poet Gabriele D'Annunzio.

The Austrians managed to conquer the Montello on the morning of 15 June 1918 and their advance continued until Bavaria, but were stopped by the Italian counter-offensive supported by the French artillery. The Italian Air Force operated to the slowdown of this advance targeting the enemy by flying at low altitude. In one of these operations fell Major Francesco Baracca, the greatest ace of Italian aviation, but his sacrifice, along with other valiant fighters, forced the Austrians to retreat beyond the Piave.

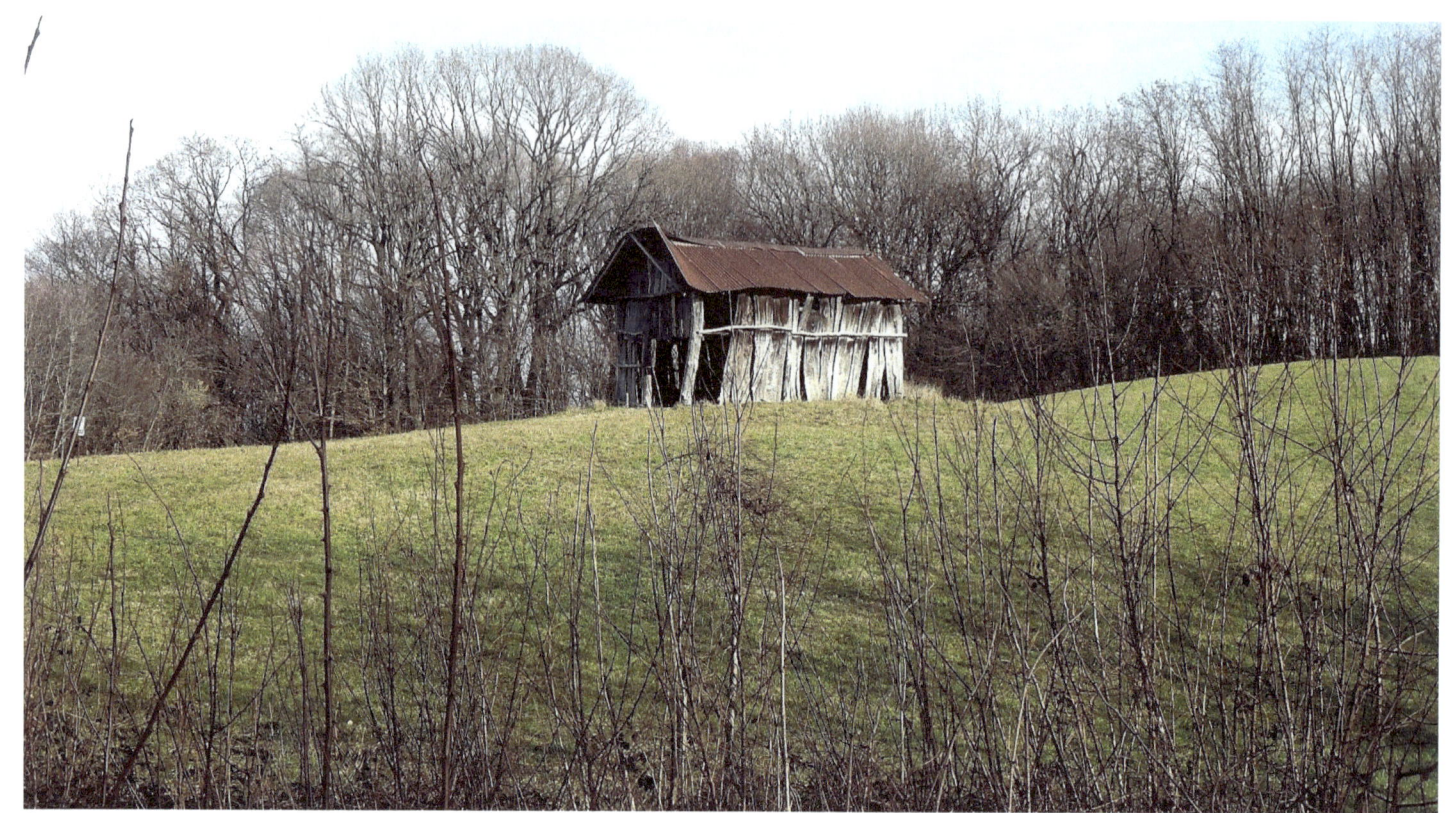

January　　　　　　　　　　　　　　　　　　　　　　North presa 15, via Medaglie d'Oro

La **Battaglia del Solstizio** fu combattuta nel giugno 1918 tra il Regio Esercito Italiano e l'Imperial regio Esercito austro-ungarico e impegnò gli austro-ungarici nella loro ultima grande offensiva della prima guerra mondiale. Il nome "battaglia del solstizio" venne utilizzato per la prima volta dal poeta Gabriele D'Annunzio. Gli austriaci riuscirono a conquistare il Montello la mattina del 15 giugno 1918 e la loro avanzata continuò sino a Bavaria, ma furono fermati dalla controffensiva italiana supportata dall'artiglieria francese. Al rallentamento di questa avanzata operava il Servizio Aeronautico italiano mitragliando il nemico volando a bassa quota. In una di queste operazioni cadeva il maggiore Francesco Baracca, il più grande asso dell'aviazione italiana, ma il suo sacrificio, insieme ad altri valorosi combattenti, costrinse gli austriaci a ritirarsi al di là del Piave.

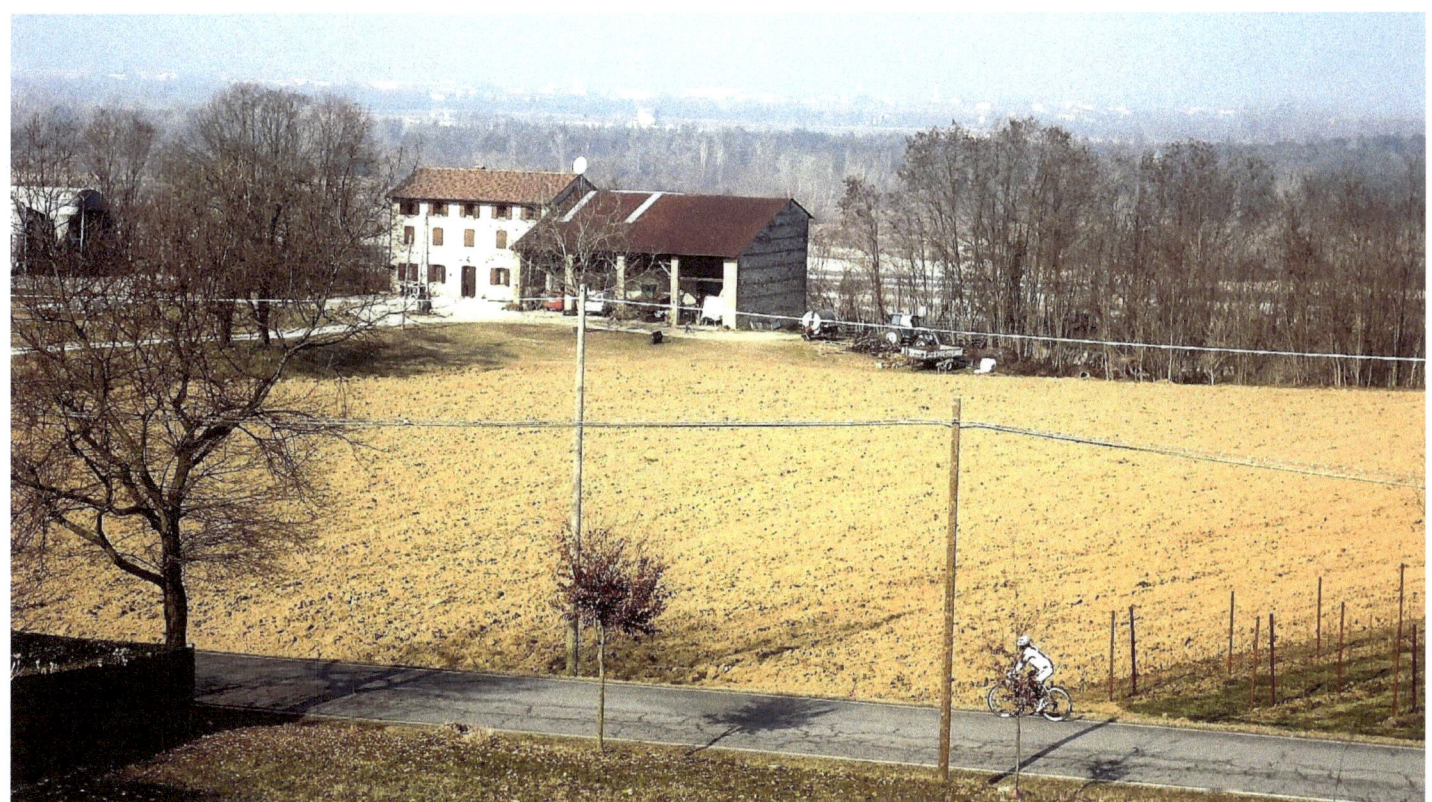

January   via Nord Montello

But the Austro-Hungarian troops had also crossed the Piave in other areas, conquering the Grave of Papadopoli, but rejected by the Italian Arditi after a few weeks of struggle. The biggest point advance of Austrians, convinced to arrive early in Treviso, was in Fagarè.

The Arditi were a specialty of the Royal Army Infantry. It was a special body particularly trained in assault and hand-to-hand combat techniques. In the Battle of the Solstice hundreds of Arditi were disembarked from one bank to the other of the Piave river and most of them did not reach the other bank, but the survivors contributed to the Austro-Hungarian retreat, also due to the psychological effect they had on the enemies, simple soldiers who feared their aggression and fighting technique.

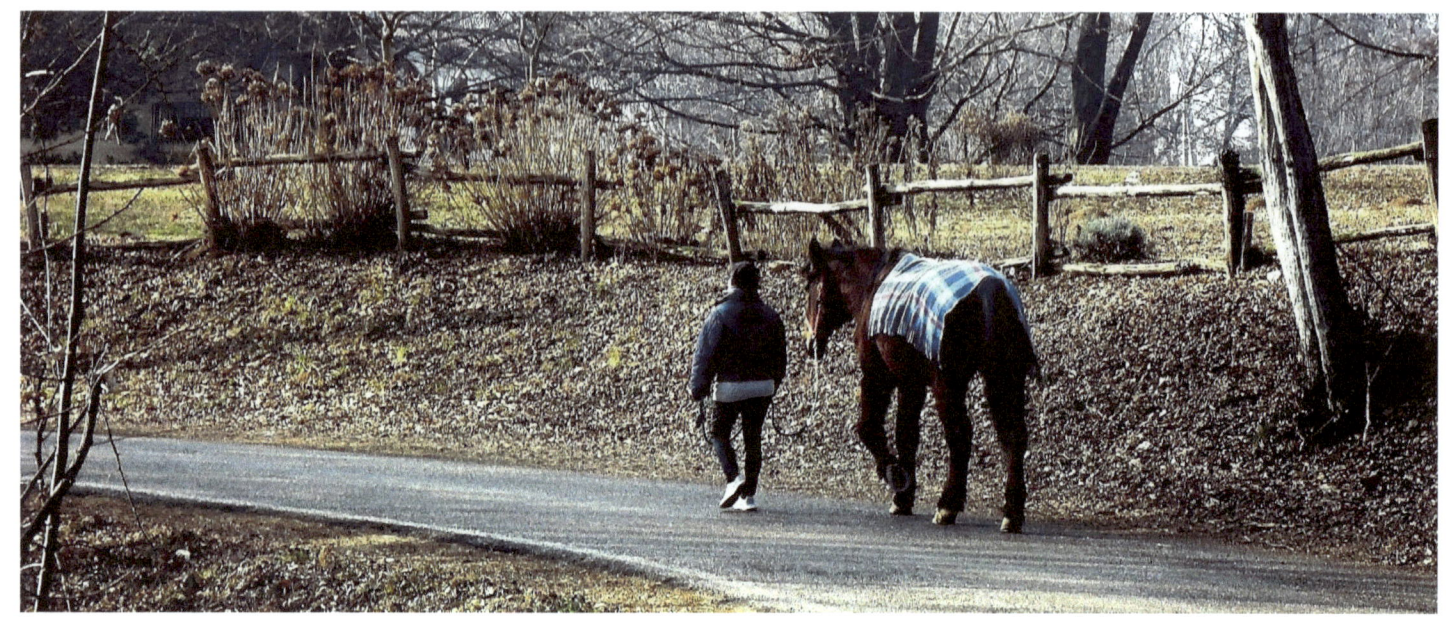

January   North Presa 12, via San Martino

Ma le truppe austro-ungariche avevano attraversato il Piave anche in altre zone, conquistando le Grave di Papadopoli, respinte però dagli Arditi italiani dopo alcune settimane di lotta. Il punto di massima avanzata degli austriaci, convinti di arrivare presto a Treviso, fu a Fagarè.
Gli Arditi erano una specialità della Fanteria del Regio Esercito. Si trattava di un corpo speciale particolarmente addestrato alle tecniche d'assalto e del combattimento corpo a corpo. Nella Battaglia del Solstizio centinaia di Arditi vennero fatti sbarcare da una sponda all'altra del fiume Piave e la maggior parte di loro non giunse all'altra riva, ma i superstiti contribuirono alla ritirata austro-ungarica, anche per l'effetto psicologico che avevano sui soldati semplici nemici che ne temevano l'aggressività e la tecnica di combattimento.

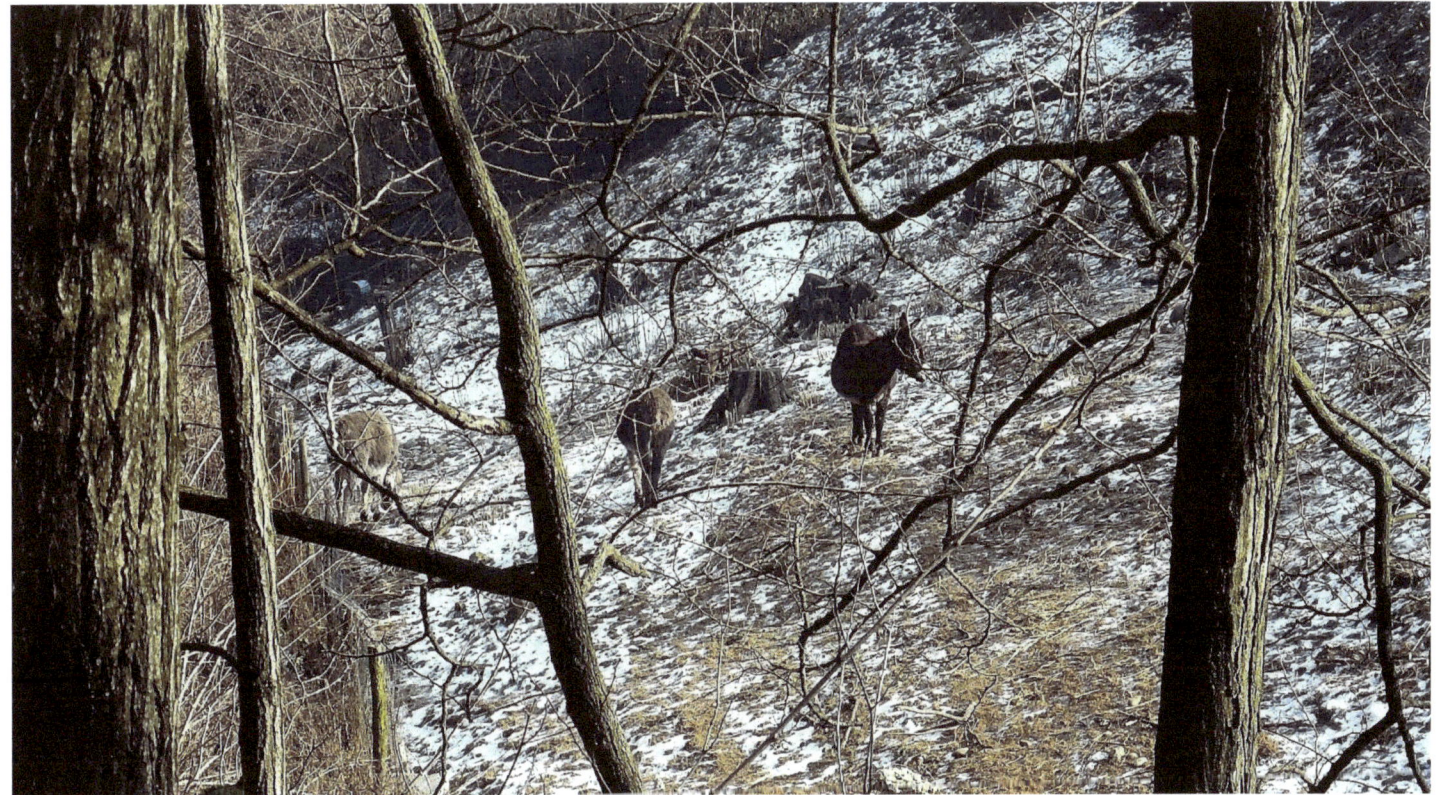

January North Presa 12, via San Martino

The attempted Austrian offensive then turned into a very heavy defeat: among the dead, wounded and prisoners, the Austro-Hungarians lost almost 150 thousand men. The battle was however very violent and even the Italian losses amounted to about 90 thousand men.

The Battle of the Solstice proved decisive for the final fate of the conflict on the Italian front. In the situation in which they were, in fact, represented the last chance for the Austrians to turn in their favor the fate of the war, but its failure, with a budget so heavy and in the disastrous socio-economic conditions in which the Empire was experiencing, meant in practice the beginning of the end.

From the Battle of the Solstice only four months passed before the final victory of Italy in the Battle of Vittorio Veneto.

The Presa V of Montello is dedicated to the memory of this decisive battle.

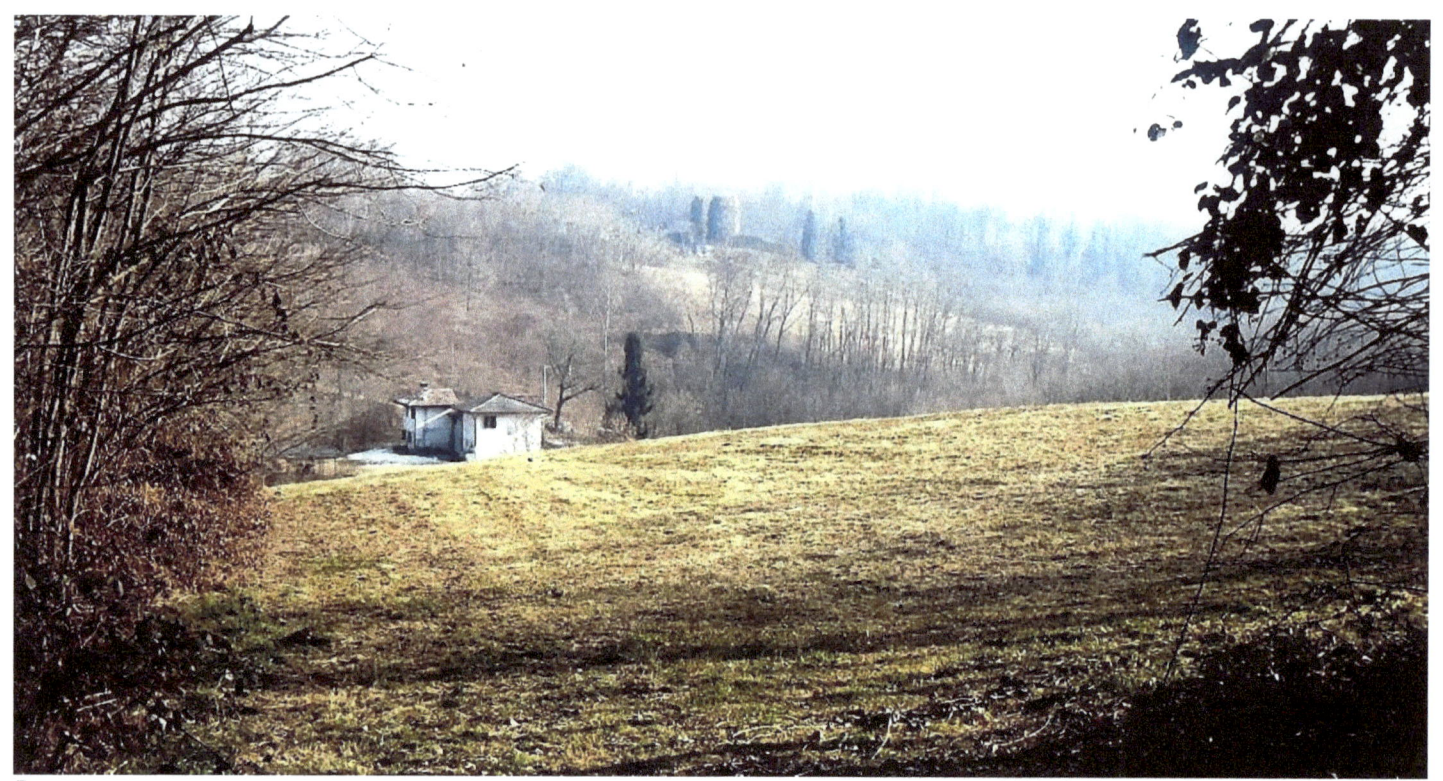

January   North Presa 12, via San Martino

La tentata offensiva austriaca si tramutò quindi in una pesantissima disfatta: tra morti, feriti e prigionieri, gli austro-ungarici persero quasi 150mila uomini. La battaglia fu tuttavia violentissima e anche le perdite italiane ammontarono a circa 90mila uomini.

La Battaglia del Solstizio risultò decisiva per le sorti finali del conflitto sul fronte italiano. Nella situazione in cui si trovavano, infatti, rappresentava l'ultima possibilità per gli austriaci di volgere a proprio favore le sorti della guerra, ma il suo fallimento, con un bilancio così pesante e nelle disastrose condizioni socio-economiche in cui versava l'Impero, significò in pratica l'inizio della fine.

Dalla Battaglia del Solstizio trascorsero solo quattro mesi prima della vittoria finale dell'Italia nella Battaglia di Vittorio Veneto.

Alla memoria di questa decisiva Battaglia è dedicata la Presa V del Montello.

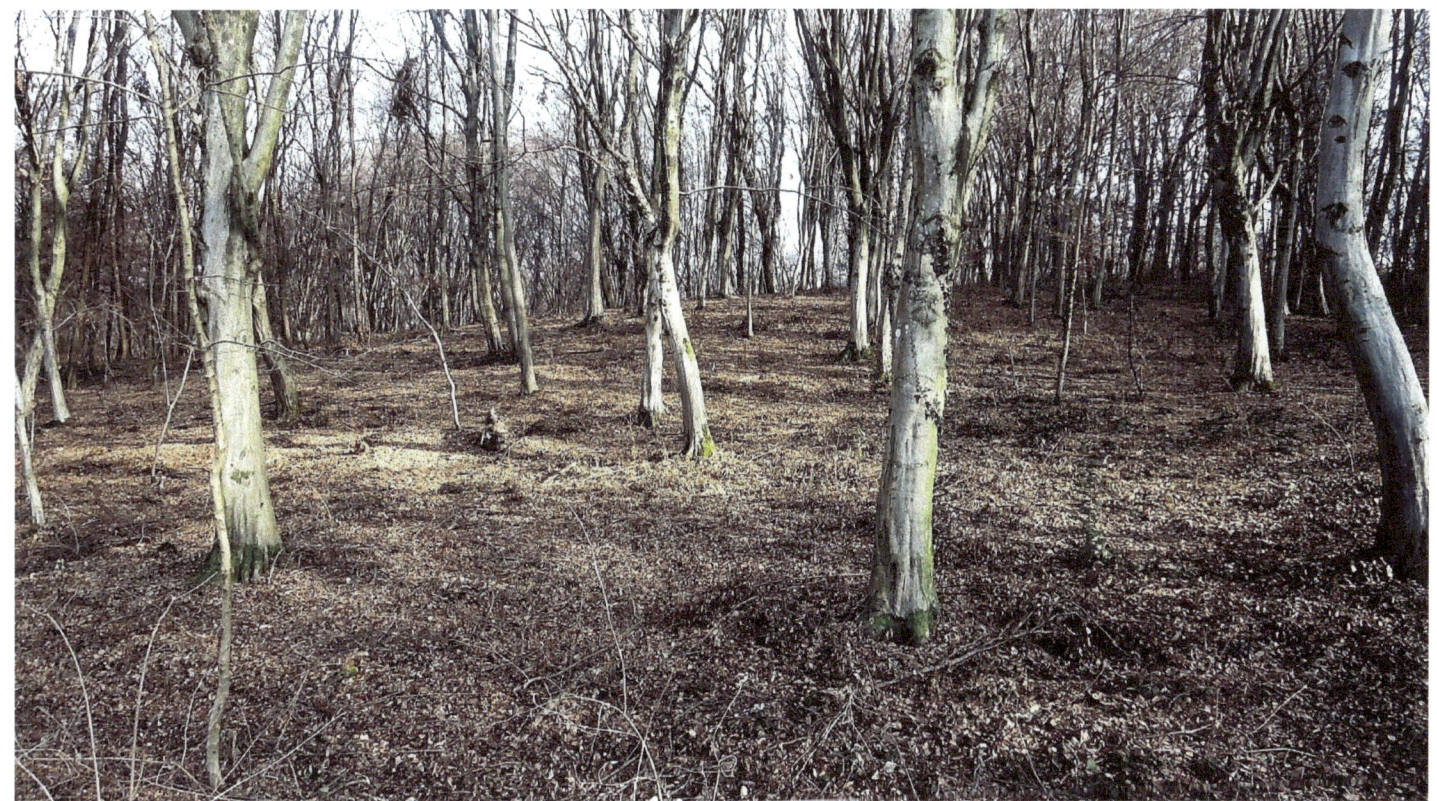

January   North Presa 12, via San Martino

Annibale Carretta (Alessandria, 28 July 1877 - Nervesa della Battaglia, 15 June 1918) was an Italian soldier decorated with the Gold Medal for Military Valor.
Although part of the cavalry, Captain Annibale Carretta was assigned to the artillery and placed in command of the 7th bombardment group of the 58th division (VIII Corps) of the 8th Army. When the Austro-Hungarian army fixed the date of the attack on the river Piave for 15 June 1918, Annibale Carretta and the 58th division were lined up on the right bank of the Piave between Santi Angeli and Nervesa. He was therefore in the front line to face the impact of three enemy divisions that crossed the river in the presence of fog, also preceded by gas and tear gas that reduced visibility. The battle that would have lasted from June 15th to 23rd, 1918 had begun and the 58th division tried in vain to avoid the breakthrough. Captain Annibale Carretta and most of the division's officers were overwhelmed. In the strenuous defense of his combat post, Carretta found death in a close combat with a dagger stroke, and together with him two fellow captains, 17 other officers and 246 troopers in deference to the order of die on pieces rather than abandon them to the enemy.
The Presa VI of Montello is dedicated to his memory.

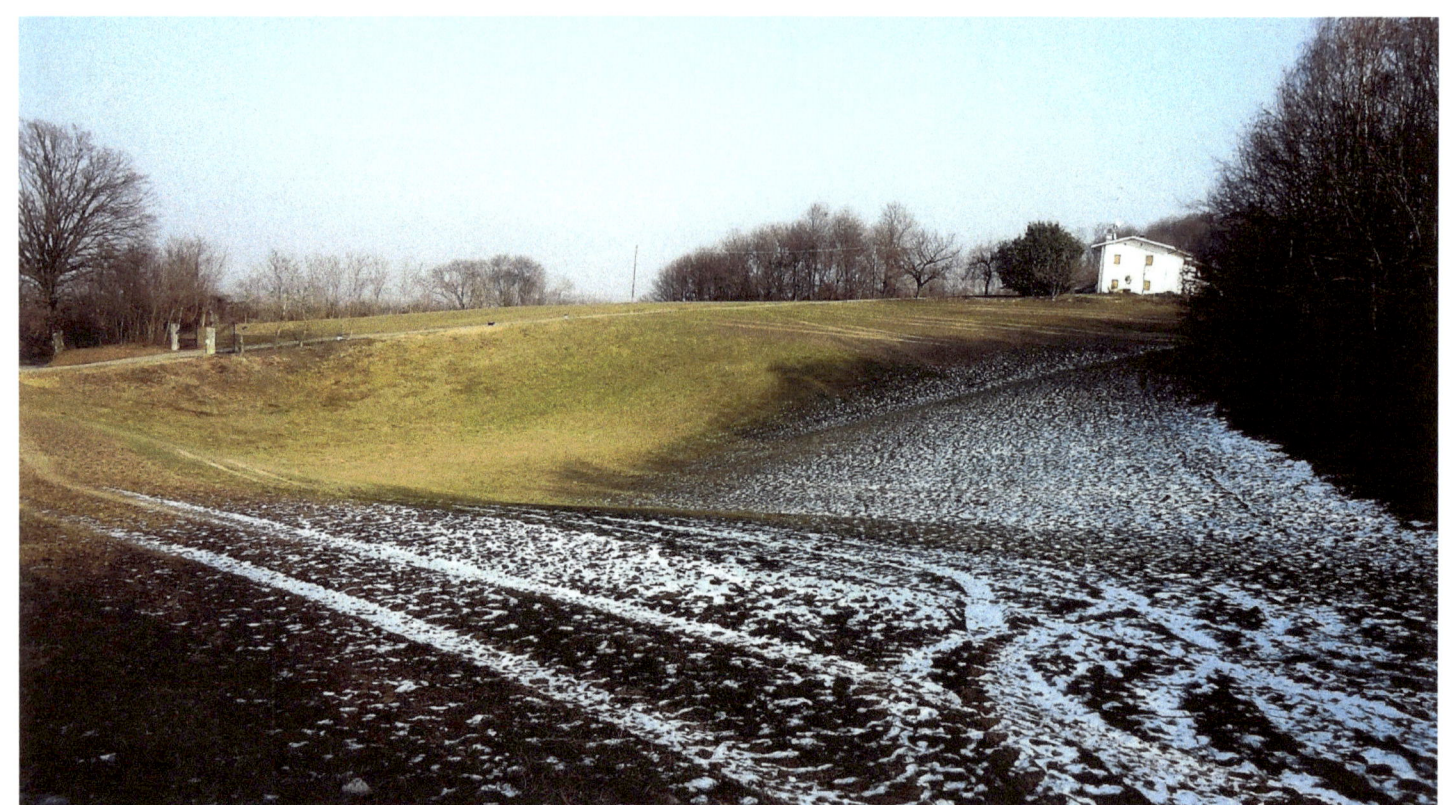

January North Presa 12, via San Martino

Annibale Carretta *(Alessandria, 28 luglio 1877 - Nervesa della Battaglia, 15 giugno 1918) è stato un militare italiano decorato con la Medaglia d'Oro al Valor Militare.*
Pur facendo parte della cavalleria, il capitano Annibale Carretta fu assegnato all'artiglieria e messo al comando del 7° gruppo bombarde della 58ª divisione (VIII Corpo) della 8ª Armata. Quando l'esercito austro-ungarico fissò la data dell'attacco sul fiume Piave per il 15 giugno 1918, Annibale Carretta e la 58ª divisione erano schierati sulla riva destra del Piave tra Santi Angeli e Nervesa. Si trovava quindi in prima linea a fronteggiare l'urto di tre divisioni nemiche che attraversarono il fiume in presenza di nebbia, precedute anche da gas e lacrimogeni che riducevano la visibilità. Era iniziata la battaglia che sarebbe durata dal 15 al 23 giugno 1918 e la 58ª divisione tentò inutilmente di evitare lo sfondamento. Il capitano Annibale Carretta e la maggior parte degli effettivi della divisione vennero travolti. Nella strenua difesa della sua postazione di combattimento, Carretta trovò la morte in un combattimento corpo a corpo, con un colpo di pugnale alla gola, e insieme con lui due colleghi capitani, altri 17 ufficiali e 246 uomini di truppa in ossequio all'ordine di morire sui pezzi anziché abbandonarli al nemico. Alla sua memoria è dedicata la Presa VI del Montello.

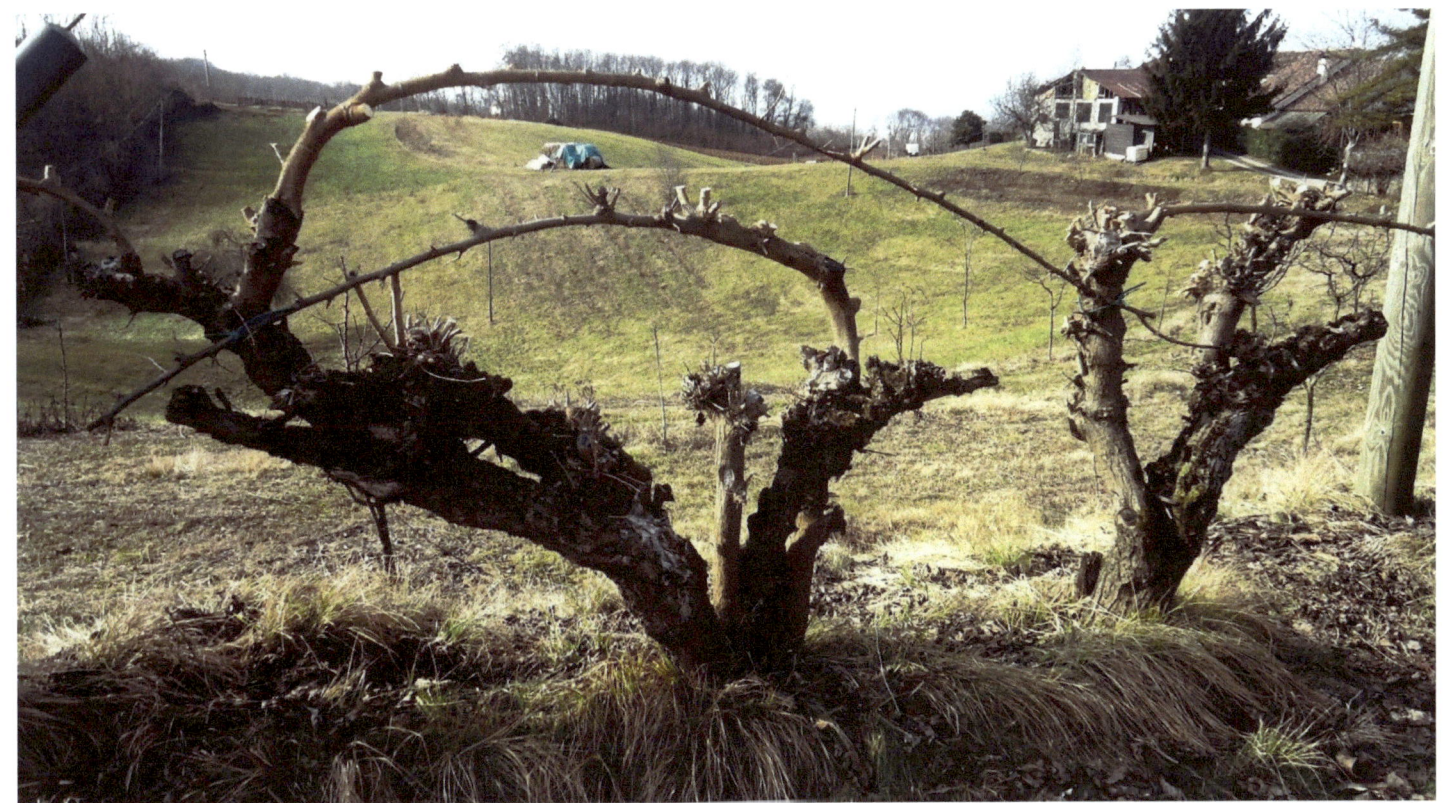

February — North Presa 11, via Sernaglia

Antonio Gorini (Varese, 23 November 1896 - Nervesa della Battaglia, 15 June 1918) was an Italian soldier and player decorated with the Gold Medal for Military Valor.
After graduating from the Liceo Ginnasio of Como, Antonio enrolled in the Faculty of Medicine and Surgery at the University of Pavia, where he completed the first year of the course. When the war broke out, he fought with the rank of artillery lieutenant in the Tonale Pass and then in the Carso area, participating in the Battle of Bainsizza, assigned to the 28th Campaign Artillery Regiment.

Antonio Gorini (Varese, 23 novembre 1896 - Nervesa della Battaglia, 15 giugno 1918) è stato un militare e calciatore italiano decorato con la Medaglia d'Oro al Valor Militare.
Ottenuto il diploma nel Liceo Ginnasio di Como, Antonio si iscrive alla Facoltà di Medicina e Chirurgia dell'Università di Pavia, dove completa regolarmente il primo anno di corso. Scoppiata la guerra combatte con il grado di tenente di Artiglieria nel settore del Passo del Tonale e poi in quello carsico, partecipando alla Battaglia della Bainsizza, assegnato al 28° Reggimento Artiglieria da Campagna.

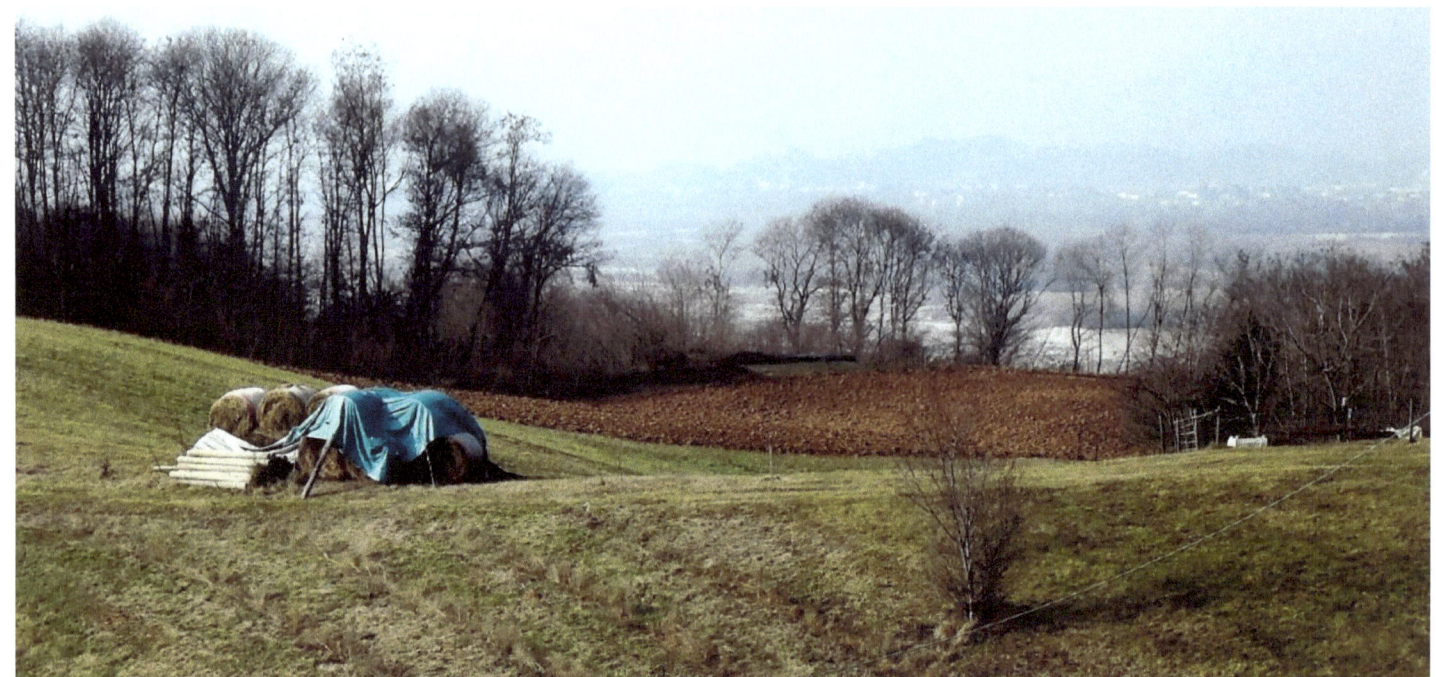

February   North Presa 11, via Sernaglia

On June 15, 1918, when the attack by the Austro-Hungarian army began in the Battle of the Solstice, the cross-section of the Lieutenant Gorini was made the object of a strong counter-battery fire, which causes considerable damage to the pieces, but the officer succeeds to restart one of the two howitzers and order their men to resume fire. The positions occupied by the Lieutenant Gorini section are however reached by the attackers, who launch a violent assault on the white weapon. The twenty-one-old officer, while not abandoning his own pieces, resists until the end, remaining killed in the fight.

Not even a month later, Antonio's parents receive the communication from the Rector of the University of Pavia that Antonio Gorini is awarded a Degree in Medicine and Surgery.

The Presa VII of Montello is dedicated to his memory.

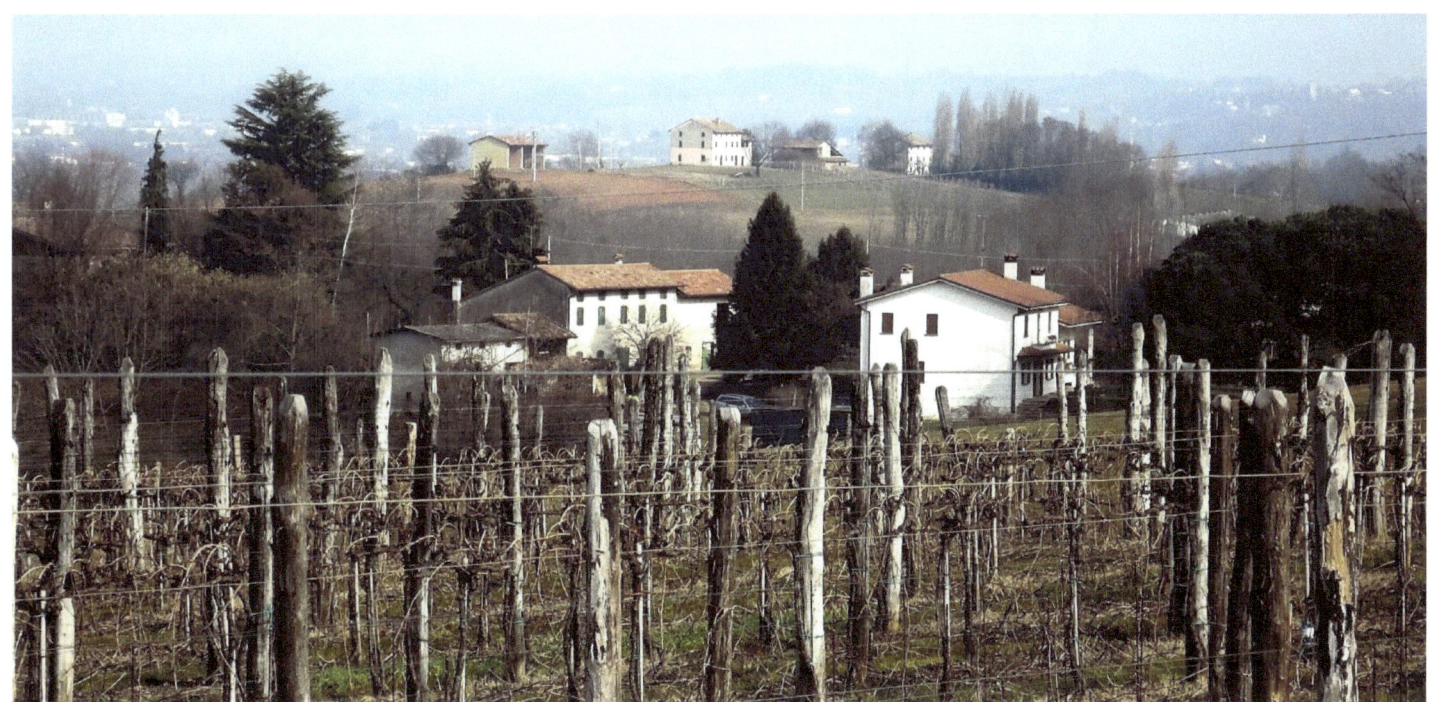

February   via SS. Angeli

Il 15 giugno 1918, iniziato l'attacco da parte dell'esercito austro ungarico nella Battaglia del Solstizio, la sezione obici del tenente Gorini viene fatta oggetto di un nutrito fuoco di controbatteria, che causa ingenti danni ai pezzi, ma l'ufficiale riesce a rimettere in funzione uno dei due obici e ordina ai propri uomini di riprendere il fuoco. Le posizioni occupate dalla sezione del tenente Gorini vengono tuttavia raggiunte dagli attaccanti, i quali sferrano un violento assalto all'arma bianca. Il ventunenne ufficiale, pur di non abbandonare i propri pezzi, resiste fino allo stremo, rimanendo ucciso nel combattimento.
Neanche un mese dopo, i genitori di Antonio ricevono la comunicazione dal Rettore dell'Università di Pavia che ad Antonio Gorini viene rilasciata la Laurea in Medicina e Chirurgia.
Alla sua memoria è dedicata la Presa VII del Montello.

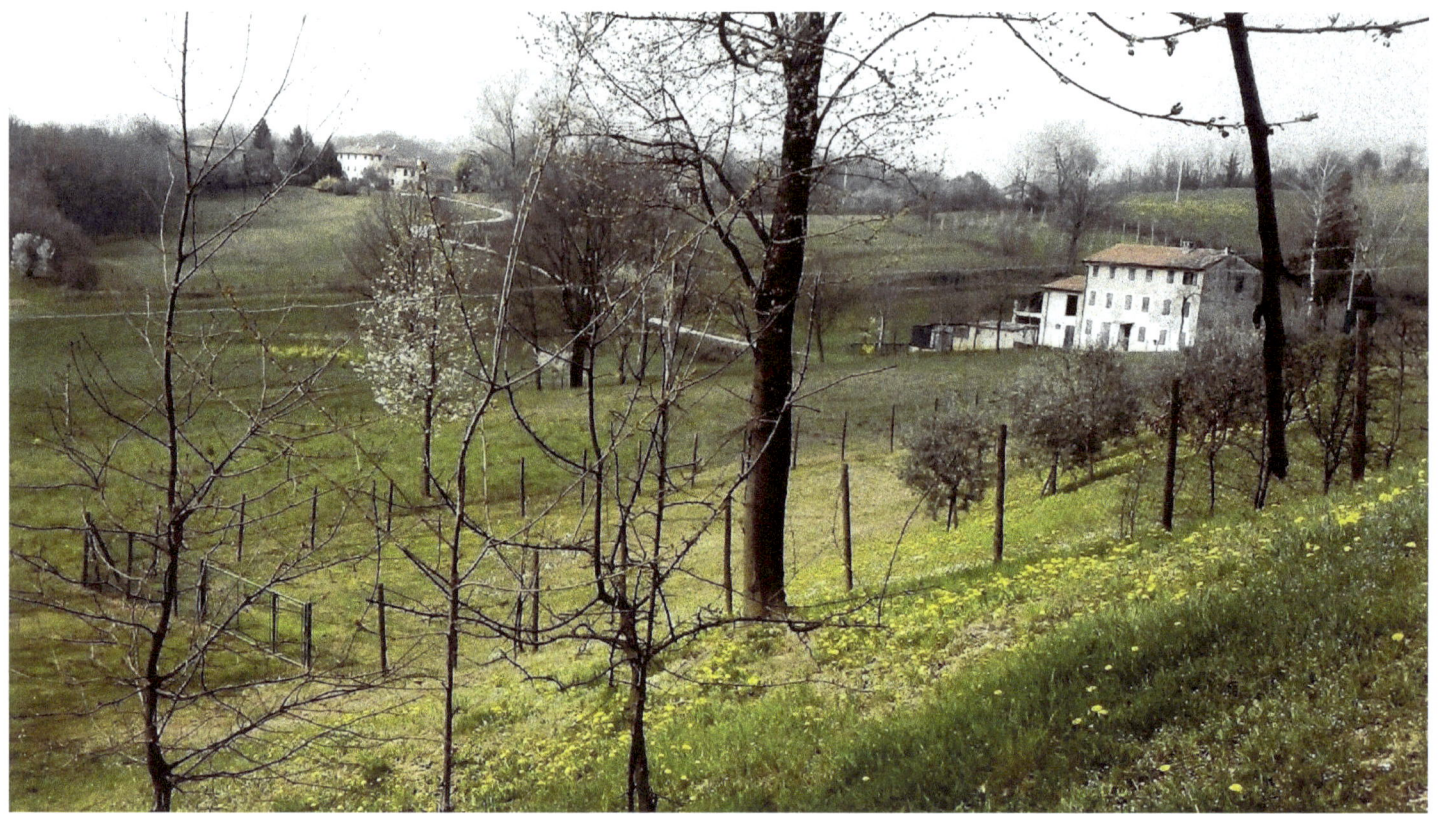

March   South Presa 3, via Umberto Sacco

Eligio Porcu (Quartu Sant'Elena, 19 December 1894 - Santi Angeli, 16 June 1918) was an officer of the Italian army, decorated with the Gold Medal for Military Valor.
In 1914 he was declared skilled in the military district of Cagliari, enrolled in the first category and temporarily left on limited leave. In April 1915 he was promoted to corporal, but two days later he became an official student sergeant. In May of the same year he was promoted to sergeant. In July he becomes a second lieutenant and is assigned to the 45th Infantry Brigade Regiment "Reggio". He was immediately sent to the front in Cadore and fought in Passo Falzarego, on the Tofane, the Dente di Monte Sief and the Col di Lana.

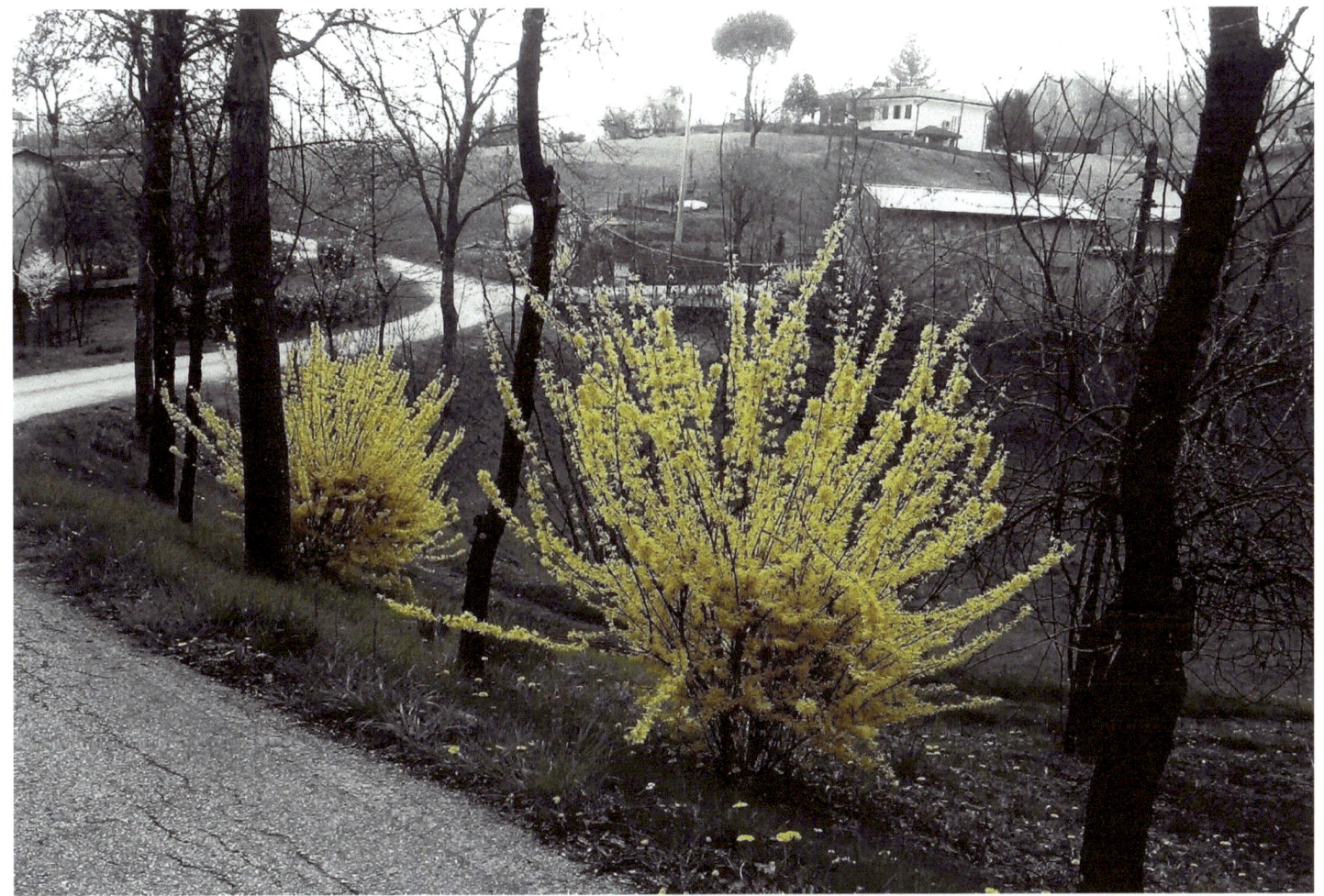

March   South Presa 3, via Umberto Sacco

Eligio Porcu *(Quartu Sant'Elena, 19 dicembre 1894 - Santi Angeli, 16 giugno 1918) è stato un ufficiale dell'esercito italiano, decorato con la Medaglia d'Oro al Valor Militare.*
Nel 1914 viene dichiarato abile al distretto militare di Cagliari, arruolato nella prima categoria e lasciato momentaneamente in congedo limitato. In aprile 1915 viene promosso caporale, ma due giorni dopo diventa sergente allievo ufficiale. A maggio dello stesso anno viene promosso sergente. In luglio diventa sottotenente di complemento ed è assegnato al 45° Reggimento Fanteria Brigata "Reggio".

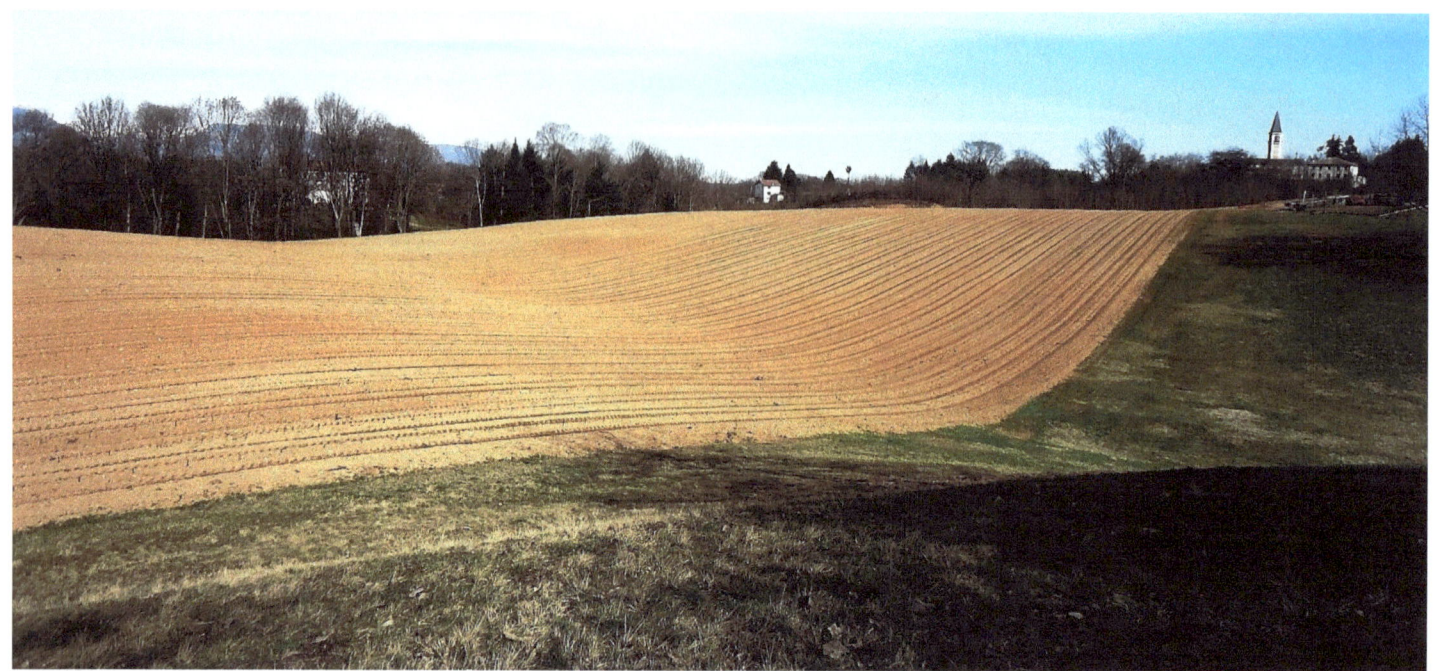

March North Presa 9, Via Giuseppe Mancino

Until June 16, 1916 he fights on the Boite river and in July he is promoted to lieutenant for war merits. In November, as a reward for the courage shown in the operations of war, his superiors granted him a period of license in which he returned to Quartu. In February 1917 he fought in Auronzo, near the stream Ansiei.
Subsequently, from the trenches of Falzarego he reaches the Piave with the troops of the IV Army under the command of General Armando Diaz, who from 1916 managed the defensive positions of Grappa. Because of the difficulties of the operations his superiors do not grant him the license, but as a reward on 1 October 1917 they promote him Captain. A month later he will take over the leadership of the ninth Compagnia on the Grappa. In the early months of 1918 the superiors ordered Captain Porcu to take the ninth Company on the Montello to defend the stronghold of Villa Serena. On June 15, the Austrians attack for four days the Italian positions on the Montello and occupy a part of it.

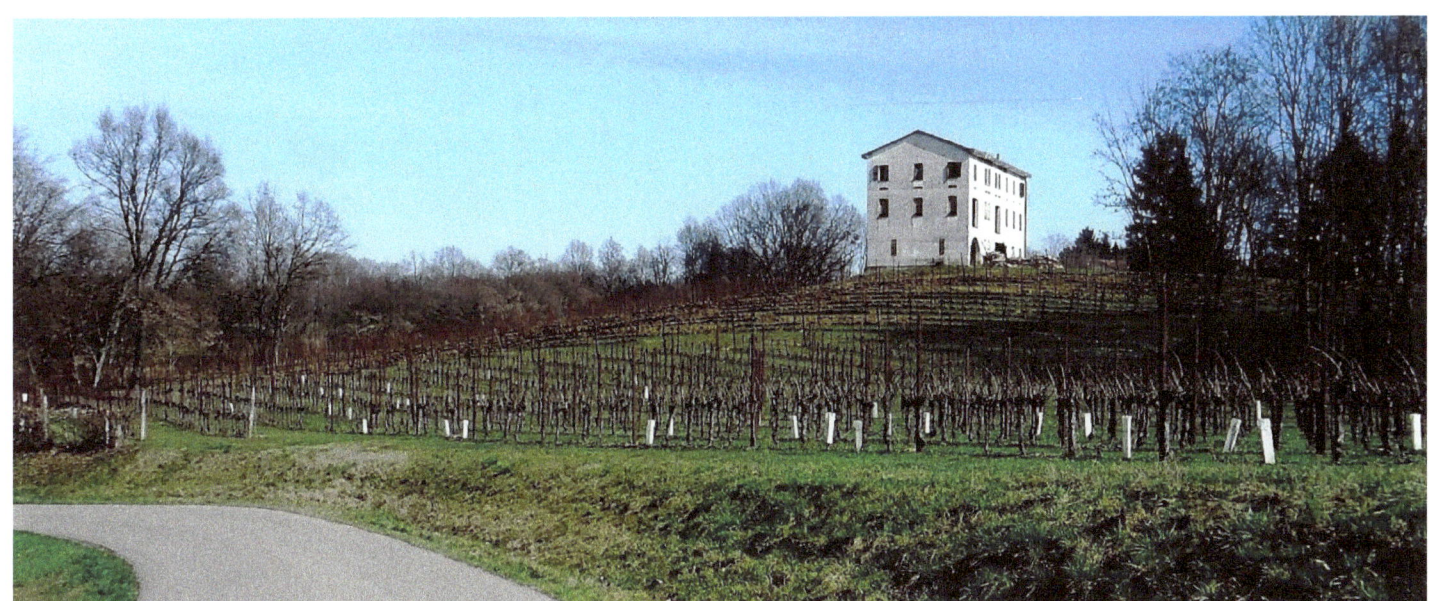

March   North Presa 9, via Giuseppe Mancino

Fino al 16 giugno 1916 combatte sul fiume Boite e nel mese di luglio viene promosso tenente per meriti di guerra. A novembre, come premio per il coraggio dimostrato nelle operazioni di guerra, i suoi superiori gli concedono un periodo di licenza in cui torna a Quartu. A febbraio del 1917 combatte ad Auronzo, nei pressi del torrente Ansiei.

Successivamente, dalle trincee del Falzarego raggiunge il Piave con le truppe della IV Armata sotto il comando del generale Armando Diaz, che dal 1916 gestiva le posizioni difensive del Grappa. A causa delle difficoltà delle operazioni i suoi superiori non gli concedono la licenza, ma come premio il 1° ottobre 1917 lo promuovono Capitano. Un mese dopo assumerà il comando della nona Compagnia sul Grappa. Nei primi mesi del 1918 i superiori ordinano al Capitano Porcu di portarsi con la nona Compagnia sul Montello per difendere il caposaldo di Villa Serena. Il 15 giugno gli austriaci attaccano per quattro giorni le posizioni italiane sul Montello e ne occupano una parte.

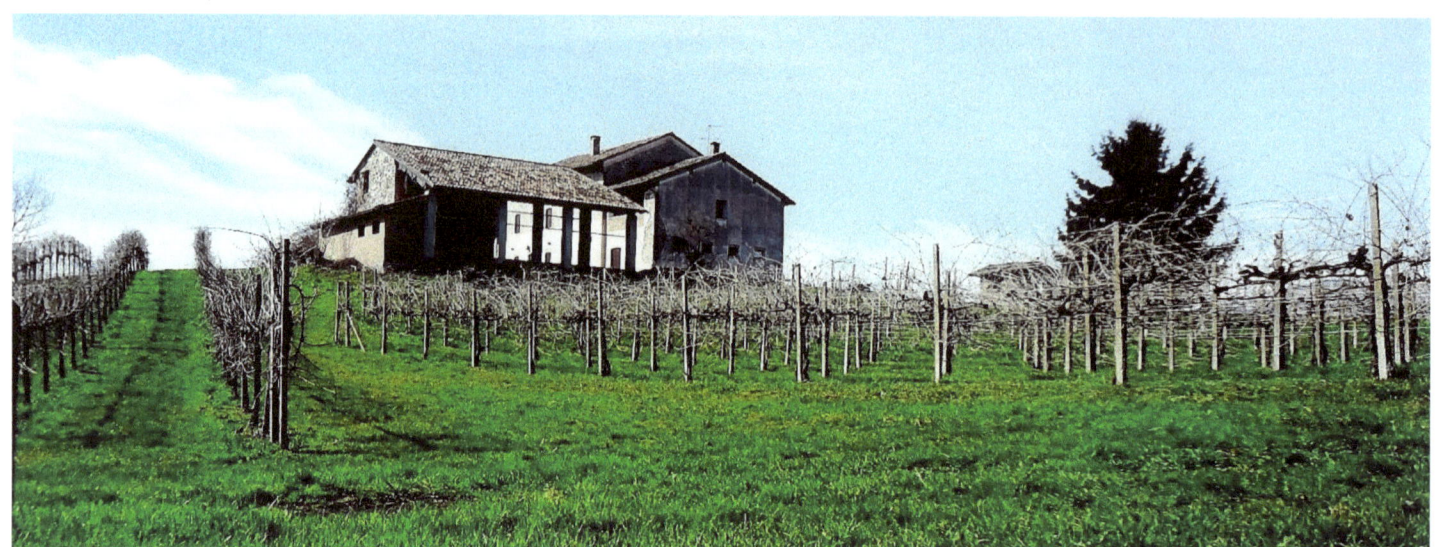

March — North Presa 9, via Giuseppe Mancino

On the 16th the Austrians try to take Villa Serena and encircle the ninth Company, in help of it two Arditi platoons also arrive. At this point Eligio Porcu launches his counter-offensive and goes to the enemy line, but is wounded in the leg. Despite this he continues to give orders to his soldiers until the enemies are on him. They try to make him a prisoner, but he takes his gun to his temple and press the trigger after shouts "Long live Italy!". A few days later the Austrians withdrew beyond the Piave.
The Presa VIII of Montello is dedicated to his memory.

Il 16 gli austriaci cercano di prendere Villa Serena e di accerchiare la nona Compagnia, in cui aiuto arrivano anche due plotoni di Arditi. A questo punto Eligio Porcu lancia la sua controffensiva e si spinge fino alla linea nemica, ma viene ferito a una gamba. Nonostante ciò continua a dare ordini ai suoi soldati fino a quando i nemici non gli sono addosso. Tentano di farlo prigioniero, ma lui si porta la pistola alla tempia e dopo aver urlato "Viva l'Italia!" preme il grilletto. Pochi giorni dopo gli austriaci si ritirarono al di là del Piave.
Alla sua memoria è dedicata la Presa VIII del Montello.

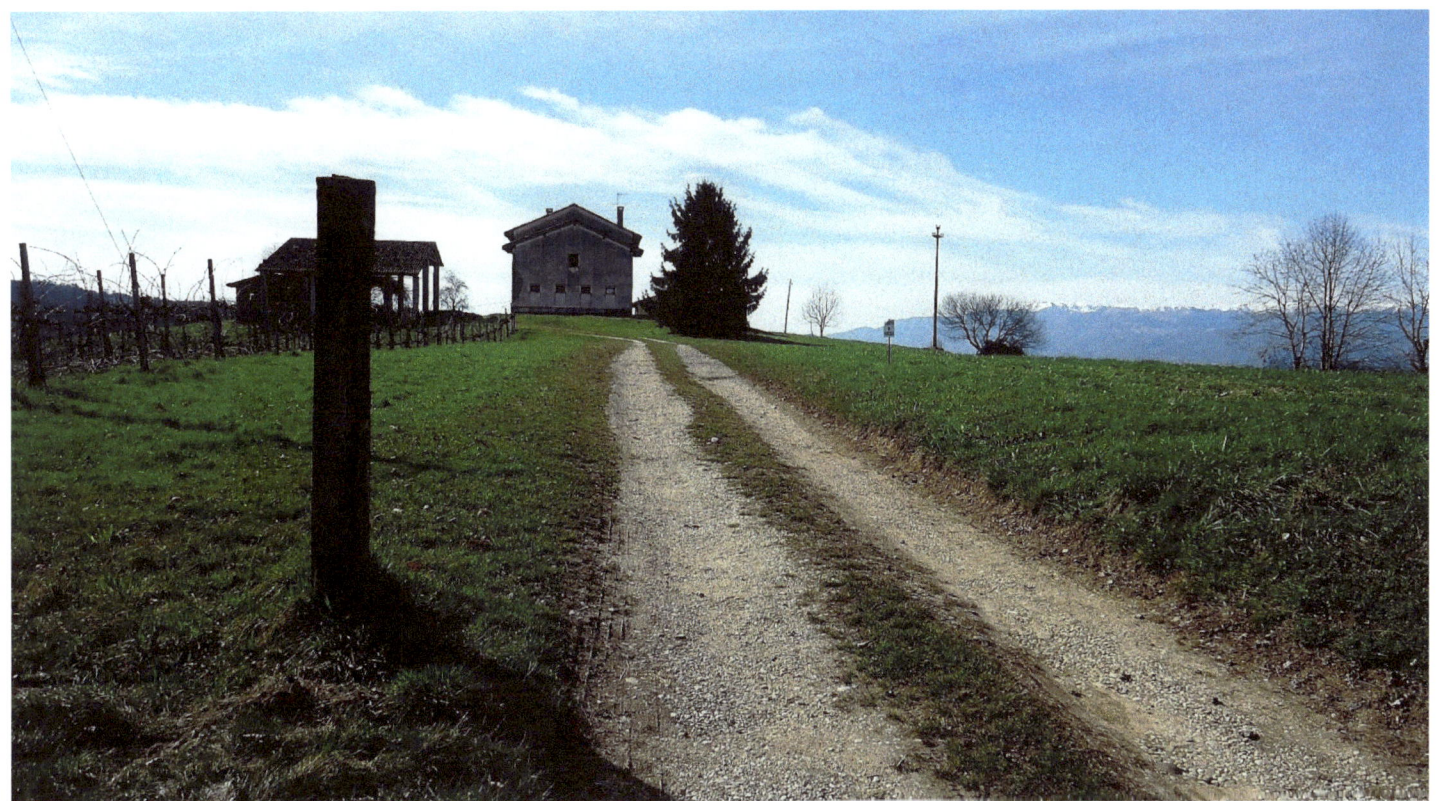

March   North Presa 9, via Giuseppe Mancino

Giuseppe Mancino (Palermo, 4 September 1888 - Nervesa della Battaglia, 19 June 1918) was an Italian officier, decorated with the Gold Medal for Military Valor.

After obtaining a master's degree in Palermo, he was a primary school teacher in the city of Naso in the province of Messina. At the declaration of war to Austria he obtained access to the officer course at the Infantry School in Parma. Appointed a lieutenant in the territorial militia in March 1916 with the 3rd Piedmont Infantry Regiment, he took part in August 1916 at the battle of Gorizia and distinguished himself in Vertojba where he reported a serious wound in his chest by a rifle bullet that stuck to his heart. He was admitted to the hospital, but as soon as he recovered he resumed his post on the front line with the rank of Lieutenant.

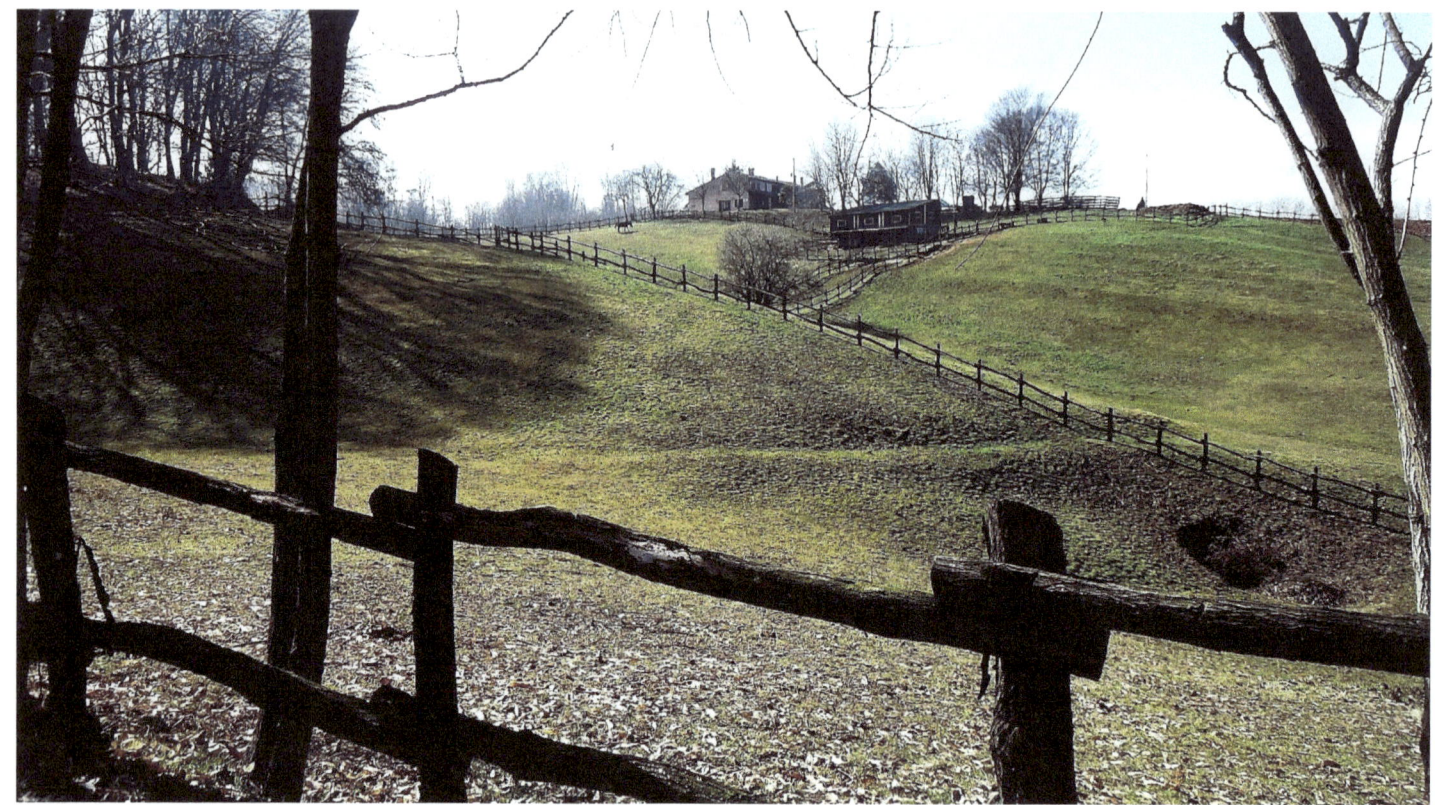

March　　　　　　　　　　　　　　　　　　　　　　　　　　North Presa 11, via Sernaglia

Giuseppe Mancino *(Palermo, 4 settembre 1888 - Nervesa della Battaglia, 19 giugno 1918) è stato un ufficiale italiano, decorato con la Medaglia d'Oro al Valor Militare.*
Conseguito il diploma magistrale a Palermo, fu insegnante di scuola elementare nella città di Naso in provincia di Messina. Alla dichiarazione di guerra all'Austria ottenne di accedere al corso di ufficiale alla Scuola di Fanteria di Parma. Nominato sottotenente nella milizia territoriale nel marzo 1916 con il 3° Reggimento Fanteria Piemonte, prese parte nell'agosto 1916 alla battaglia di Gorizia e si distinse a Vertojba dove riportò una grave ferita al torace da una pallottola di fucile che gli si conficcò vicino al cuore. Fu ricoverato in ospedale, ma appena guarito riprese il suo posto in prima linea con il grado di Tenente.

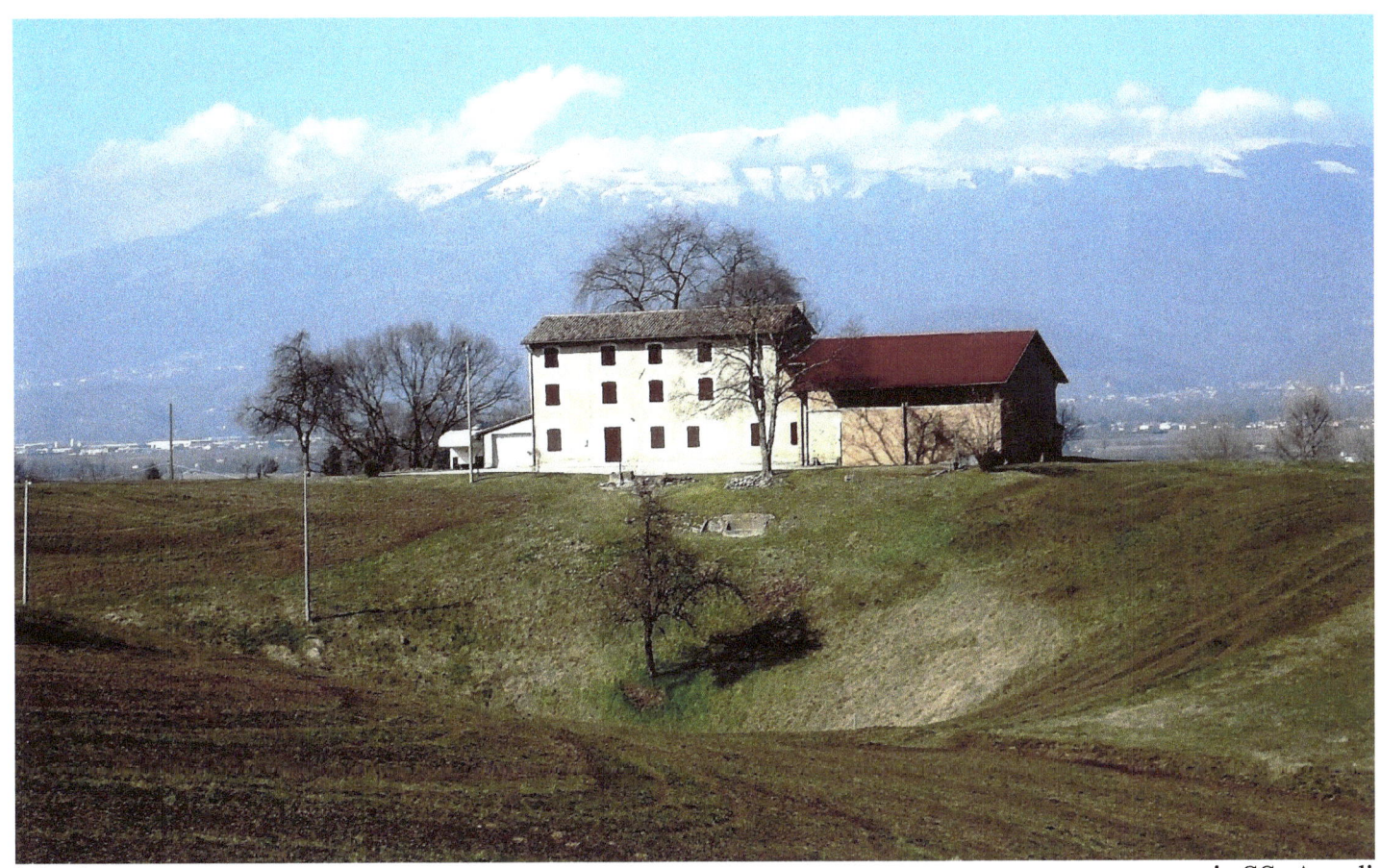

March   via SS. Angeli

In November 1916 he suffered the freezing of the lower limbs and was once again hospitalized. To accelerate recovery, Lieutenant Mancino personally paid the medics for a series of additional massages, exiting fully restored at the end of December. After the tragic events of Caporetto in October 1917, he was promoted to Adjutant Major and assigned to the 111th Piacenza Infantry, inserted in the Third Army.

Deployed in line on the Piave in the area of Nervesa, under the command of the Arditi company of the regiment, he distinguished himself in fights during the Battle of the Solstice (15-22 June 1918). He fought several days at Villa Berti (Nervesa) and on June 19 he was in the rearguard with his company to allow the regiment to retreat, but after a furious confrontation with the enemy his body was not found on the battlefield and was declared missing.

The Presa IX of Montello is dedicated to his memory.

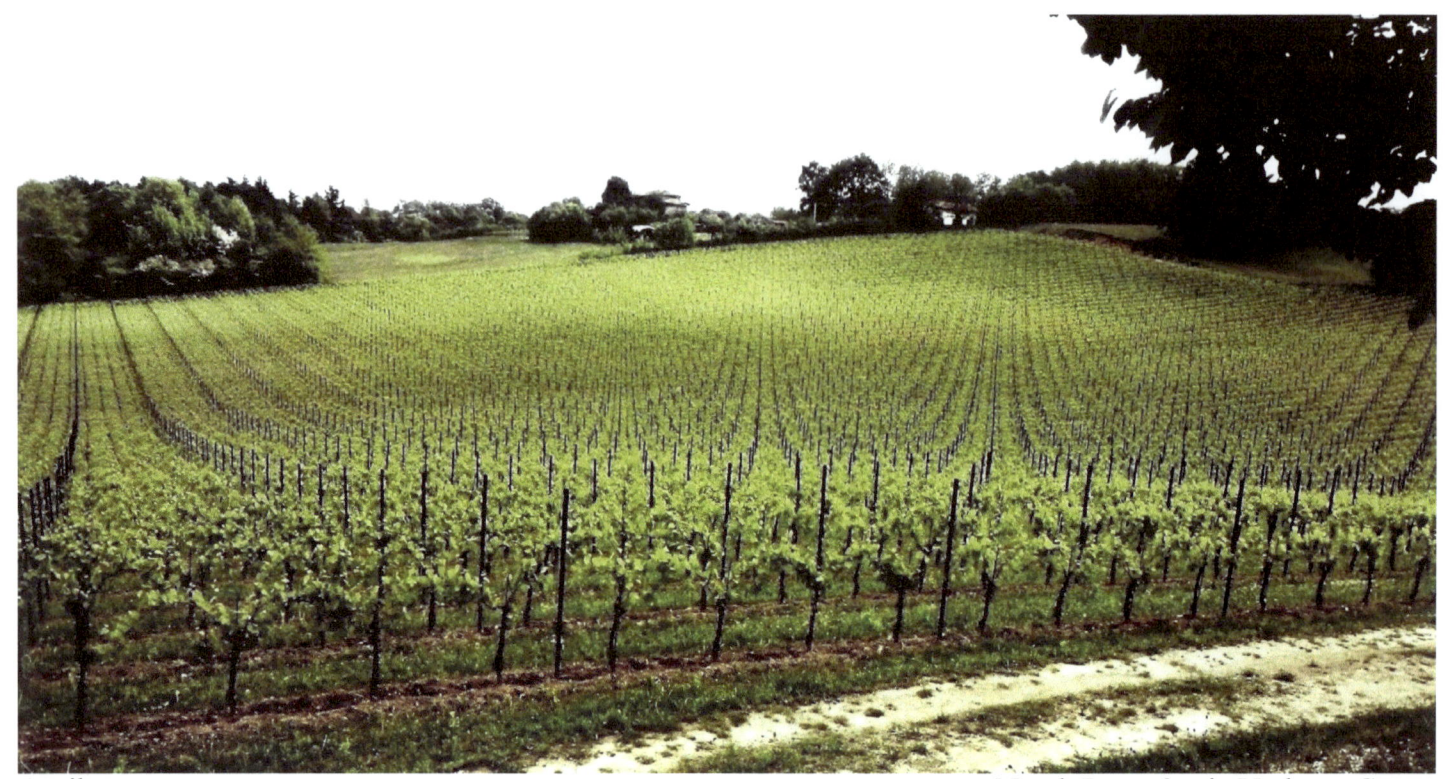

April   North Presa 3, via Umberto Sacco

A novembre del 1916 riportò il congelamento degli arti inferiori e fu nuovamente ricoverato in ospedale. Per accelerare la guarigione il Tenente Mancino pagò personalmente gli infermieri per una serie di massaggi supplementari, uscendo pienamente ristabilito alla fine di dicembre. Dopo i tragici eventi di Caporetto in ottobre 1917 fu promosso Aiutante Maggiore in seconda e destinato al 111° Fanteria Piacenza, inserita nella Terza armata.

Schierato in linea sul Piave nella zona di Nervesa, al comando della compagnia Arditi del reggimento, si distinse nei combattimenti durante la Battaglia del Solstizio (15-22 giugno 1918). Combatté svariati giorni a Villa Berti (Nervesa) e il 19 giugno rimase di retroguardia con la sua Compagnia per permettere il ripiegamento del reggimento, ma dopo un furioso scontro col nemico il suo corpo non fu ritrovato sul campo di battaglia e venne dichiarato disperso.

Alla sua memoria è dedicata la Presa IX del Montello.

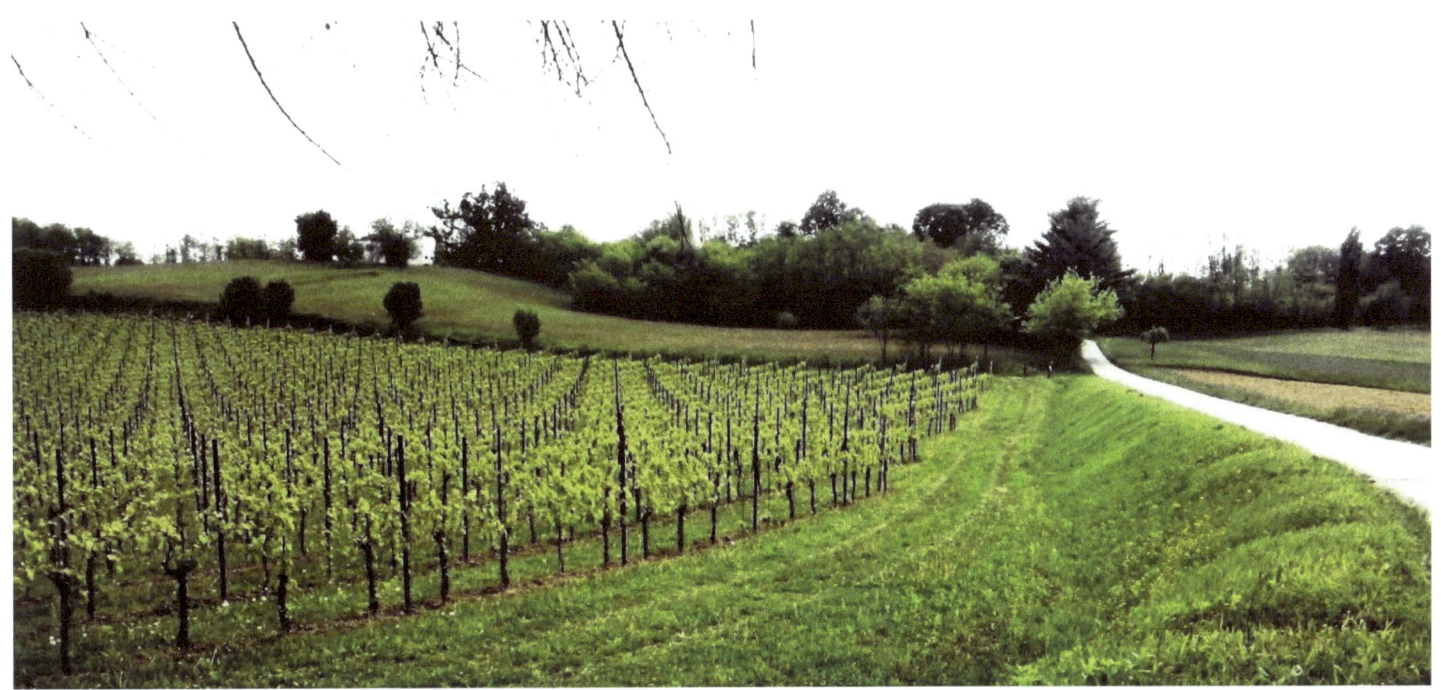

April North Presa 3, via Umberto Sacco

Cesare Battisti (Trento, 4 February 1875 - Trento, 12 July 1916) was a patriot, journalist, geographer, Italian socialist and irredentist politician.

Austrian citizen, because he was born in Trento when it was still part of the Austro-Hungarian Empire, director of socialist newspapers of Trento, fond of geography after meeting the Friulian geographer Giovanni Marinelli at the University of Florence, he graduated with honors in 1897 in same university with a thesis entitled *Contribution to the physical geography and anthropogeography of Trentino*. High supporter of the irredentist cause for the liberation of Trentino, in 1911 Battisti was elected deputy to the Reichsrat, the parliament of Vienna, in order to discuss his political objectives directly within the Austro-Hungarian institutions.

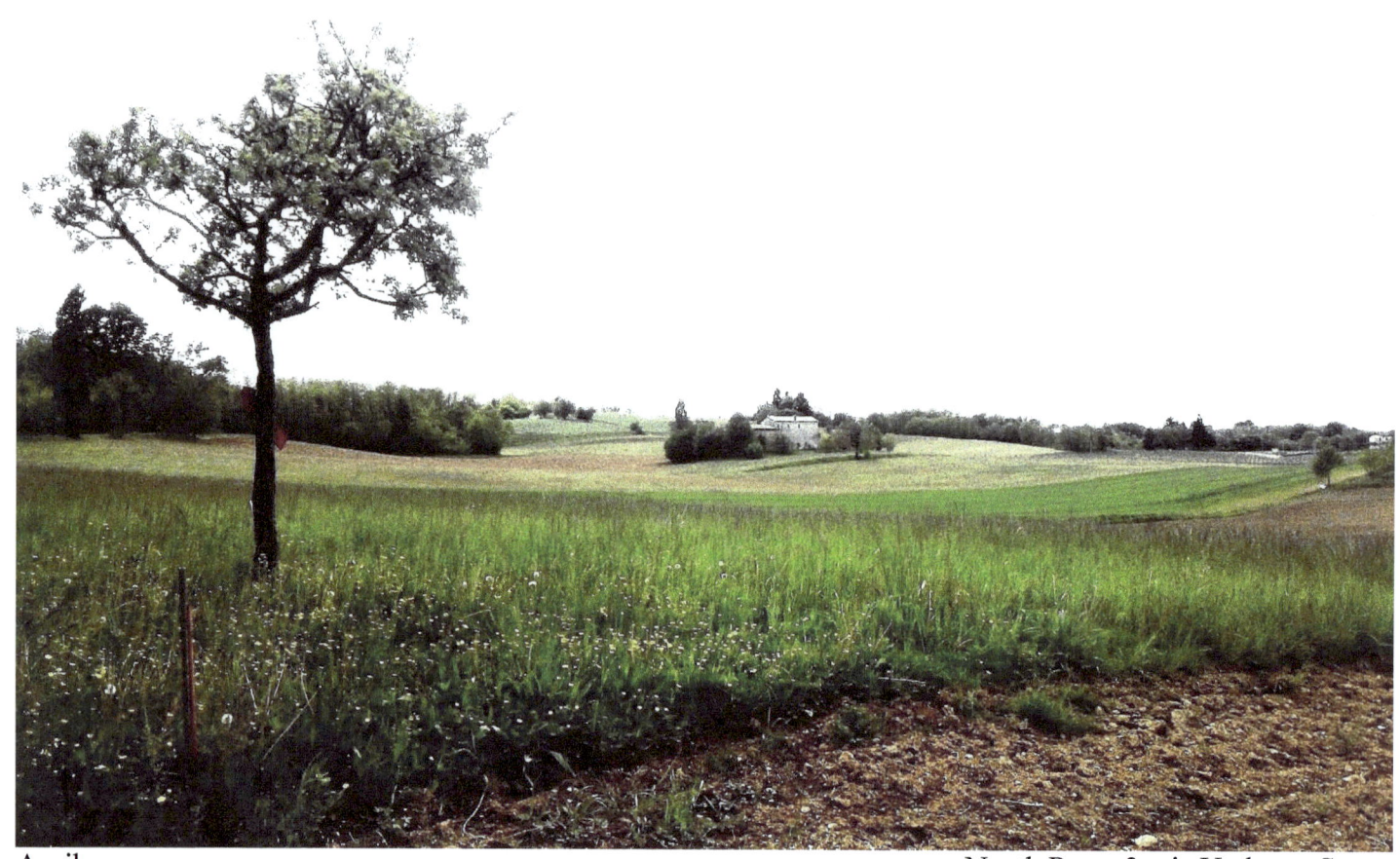

April North Presa 3, via Umberto Sacco

Cesare Battisti *(Trento, 4 febbraio 1875 - Trento, 12 luglio 1916) è stato un patriota, giornalista, geografo, politico socialista e irredentista italiano.*
Cittadino austriaco, perché nato a Trento quando era ancora parte dell'Impero austro-ungarico, direttore di giornali socialisti di Trento, appassionato di geografia dopo aver incontrato il geografo friulano Giovanni Marinelli all'Università di Firenze, si laurea a pieni voti nel 1897 nello stesso ateneo con una tesi intitolata Contributo alla geografia fisica e all'antropogeografia del Trentino. Acceso sostenitore della causa irredentista per la liberazione del Trentino, nel 1911 Battisti si fa eleggere deputato al Reichsrat, il parlamento di Vienna, allo scopo di discutere i suoi obiettivi politici direttamente all'interno delle istituzioni austro-ungariche.

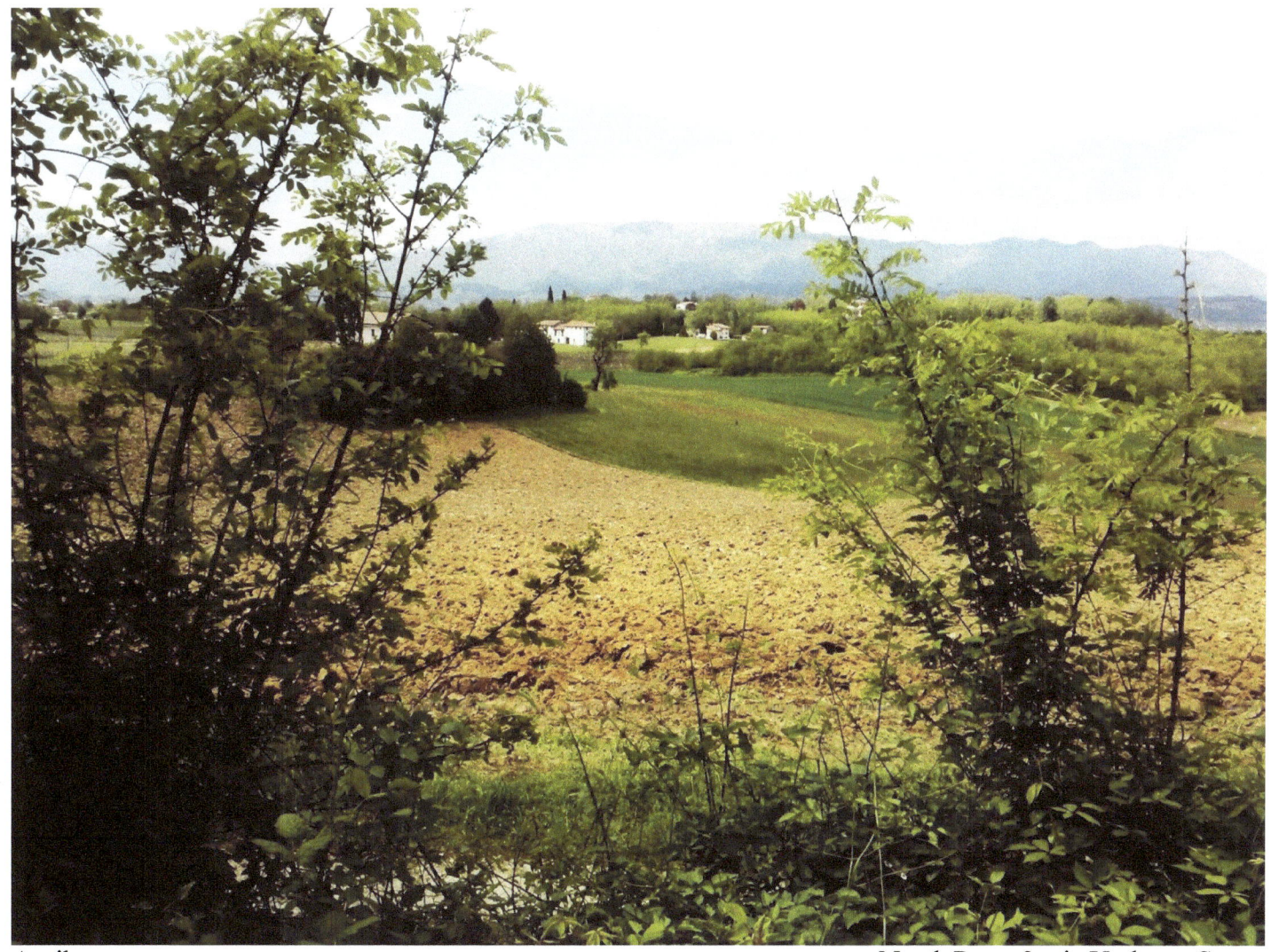

April   North Presa 3, via Umberto Sacco

At the outbreak of the great war he enlists for the Alpini to fight on the Italian part. On 10 July 1916, in an attempt to conquer Monte Corno di Vallarsa, Lieutenant Cesare Battisti and the sub-lieutenant Fabio Filzi were taken prisoner by a mountain troop of the Austrian Army. Both recognized despite giving false generality, on 12 July they were tried and hanged: Battisti for high treason as a member of the Chamber of Deputies of Austria.

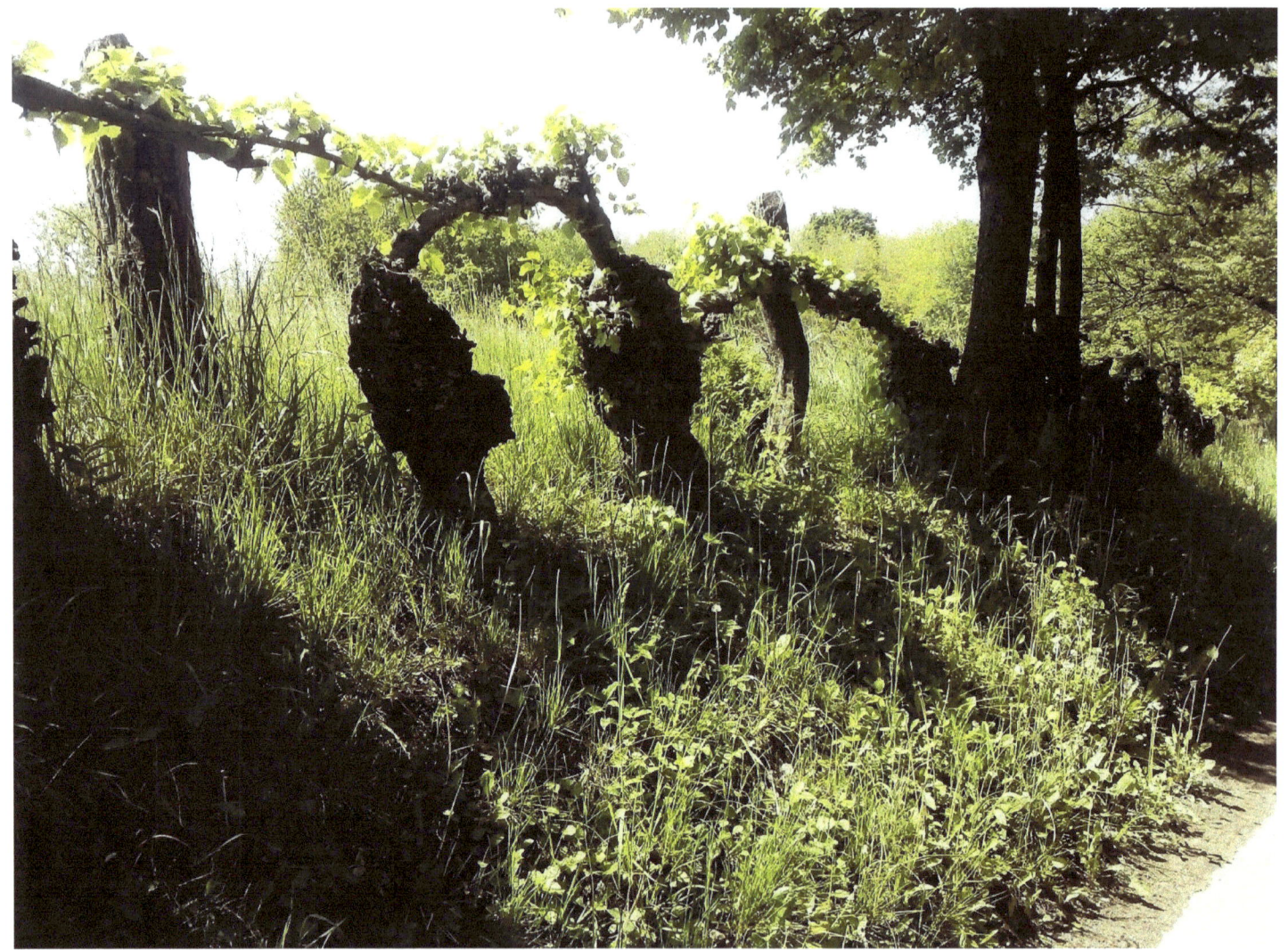

April North Presa 3, via Umberto Sacco

Allo scoppio della grande guerra si arruola volontario negli Alpini per combattere dalla parte italiana. Il 10 luglio 1916, nel tentativo di conquistare il Monte Corno di Vallarsa, il tenente Cesare Battisti e il sottotenente Fabio Filzi vengono fatti prigionieri da una truppa di montagna dell'esercito austriaco. Riconosciuti entrambi nonostante avessero fornito generalità false, il 12 luglio furono processati e impiccati: Battisti per alto tradimento in quanto membro della Camera dei deputati d'Austria.

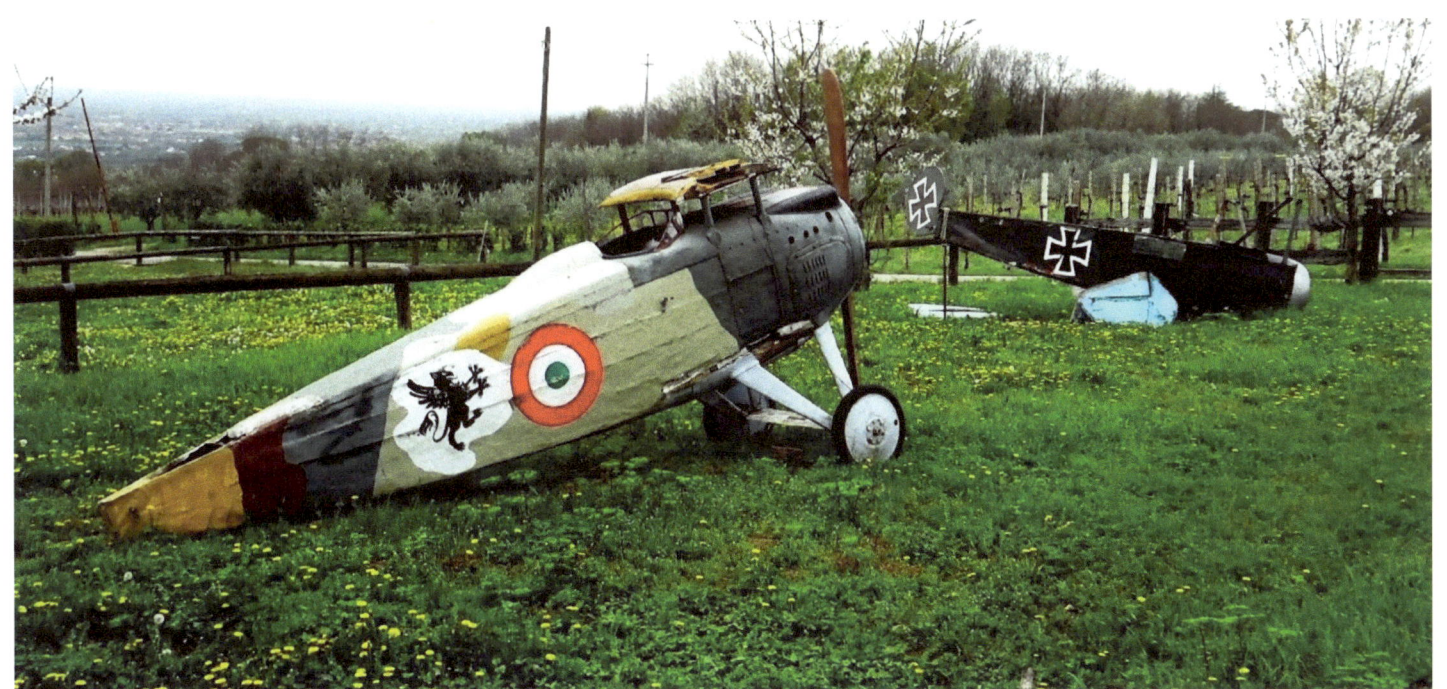

April　　　　　　　　　　　　　　　　　　　　　　South Presa 16, Via General Vaccari

Cesare Battisti, together with the Trentini Fabio Filzi and Damiano Chiesa, the Triestino Guglielmo Oberdan, the Dalmatian Francesco Rismondo and the Istrian Nazario Sauro, is considered one of the most important figures in the cause of Italian irredentism.
The Presa X of Montello is dedicated to his memory.

Cesare Battisti, insieme ai trentini Fabio Filzi e Damiano Chiesa, al triestino Guglielmo Oberdan, al dalmata Francesco Rismondo e all'istriano Nazario Sauro, è considerato tra le più importanti figure della causa dell'irredentismo italiano.
Alla sua memoria è dedicata la Presa X del Montello.

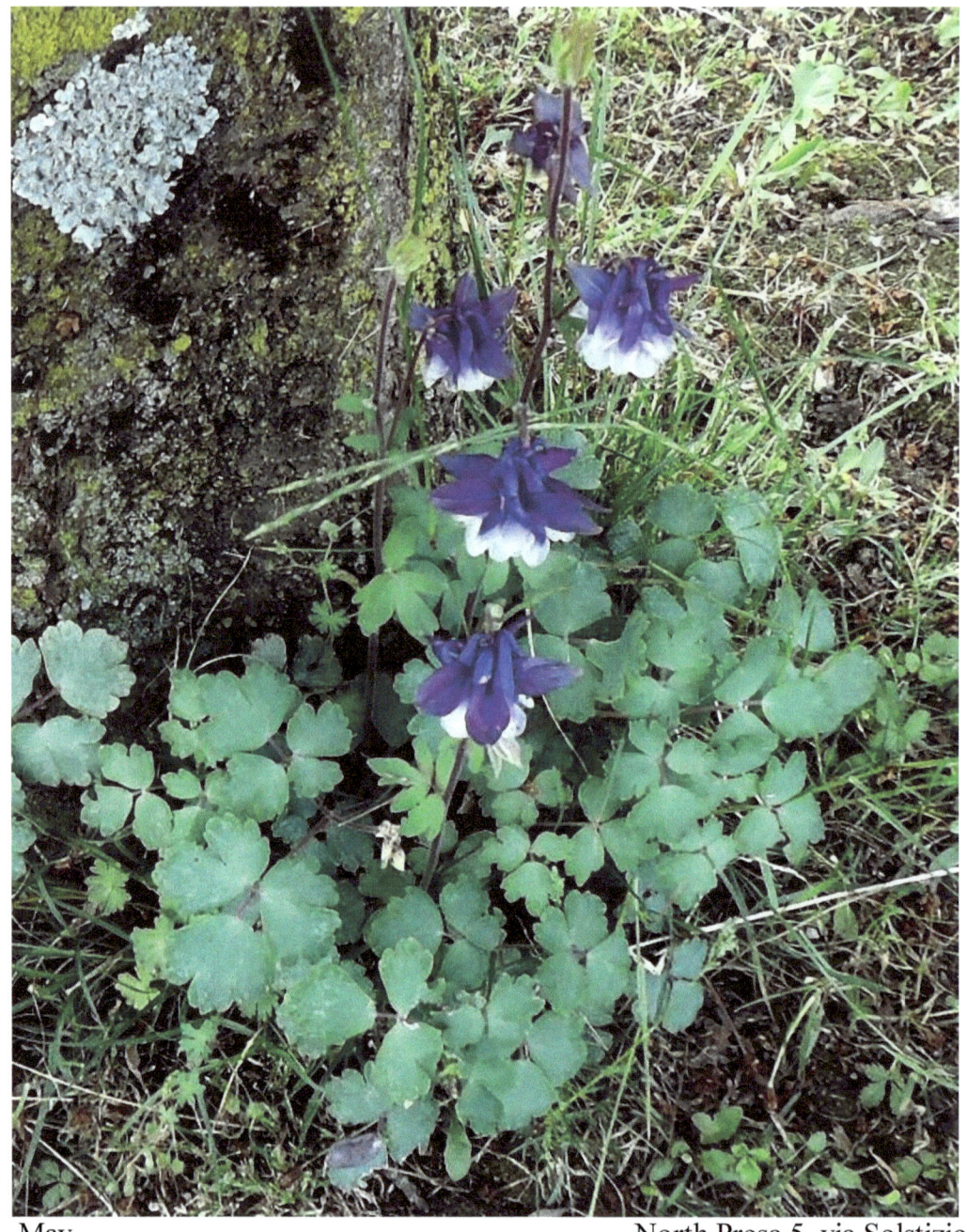

May — North Presa 5, via Solstizio

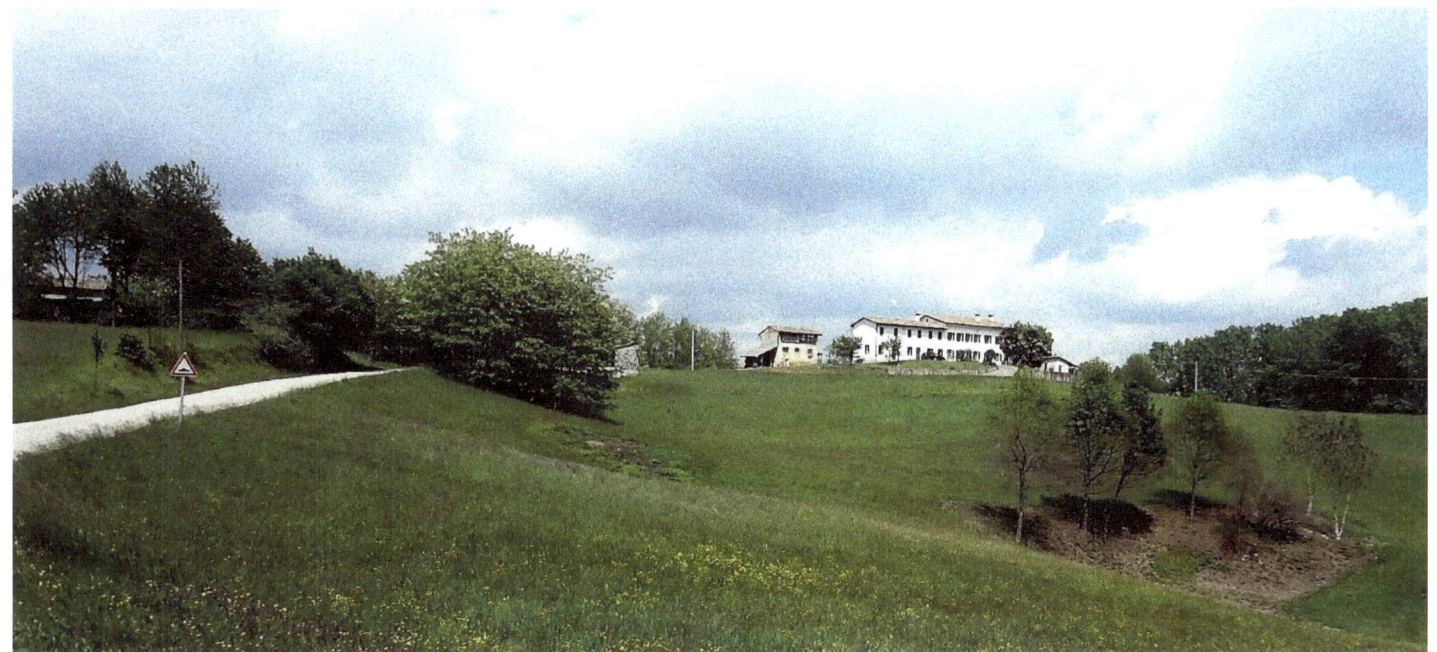

May — North Presa 5, via Solstizio

Sernaglia, a small town just north of Montello, immediately beyond the Piave, decorated with the Gold Medal for civil merit, suffered the Austro-Hungarian military occupation following the defeat of Caporetto and the total destruction of the town, with serious deaths and violence for the population, forced to displacement and abandonment of all personal property.
The Presa XI of Montello is dedicated to its memory.

Sernaglia, modesta cittadina poco a nord del Montello, subito al di là del Piave, decorata con la Medaglia d'Oro al merito civile, subì l'occupazione militare austro-ungarica in seguito alla disfatta di Caporetto e la totale distruzione dell'abitato, con gravissimi lutti e violenze per la popolazione, costretta allo sfollamento e all'abbandono di tutti i beni personali.
Alla sua memoria è dedicata la Presa XI del Montello.

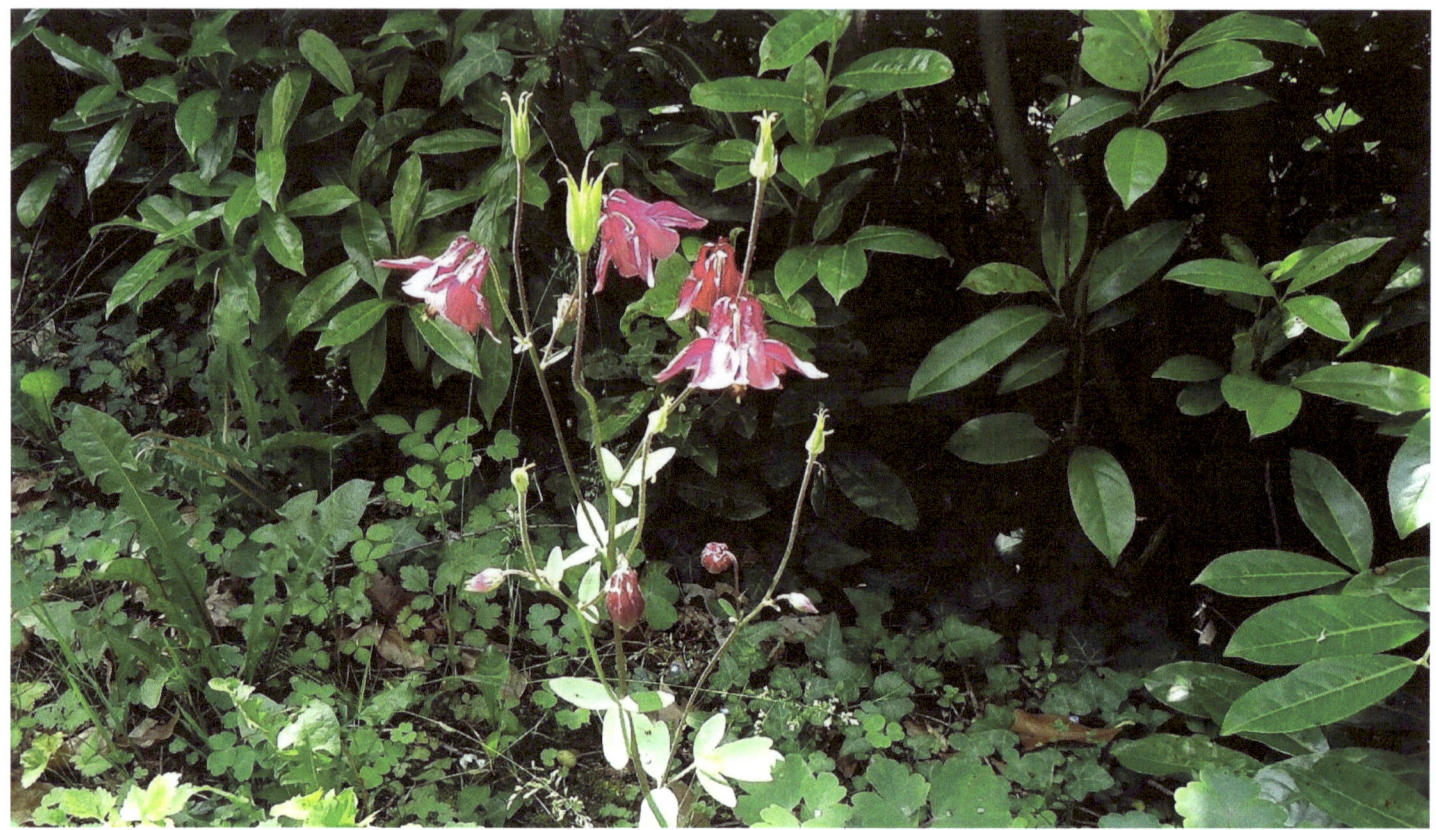

May South Presa 10, via Cesare Battisti

Giuseppe Vaccari (Montebello Vicentino, 2 February 1866 - Milan, 6 September 1937) was an Italian military and politician decorated with the Gold Medal for Military Valor. Already a veteran officer of the Italo-Turkish war, he was commander of the Barletta Brigade in the First World War, then head of S. M. of the 3rd Army, then commander of the XXII Army Corps. After the war he held command of the XI and the XXVIII Army Corps. He was Deputy Chief of Staff of the Army (1920) and in 1921 became Chief of Staff of the Royal Army, taking over from Pietro Badoglio. He was appointed Senator of the kingdom in 1928 and in 1936 the king gave him the title of count.
The Presa XVI of Montello is dedicated to his memory.

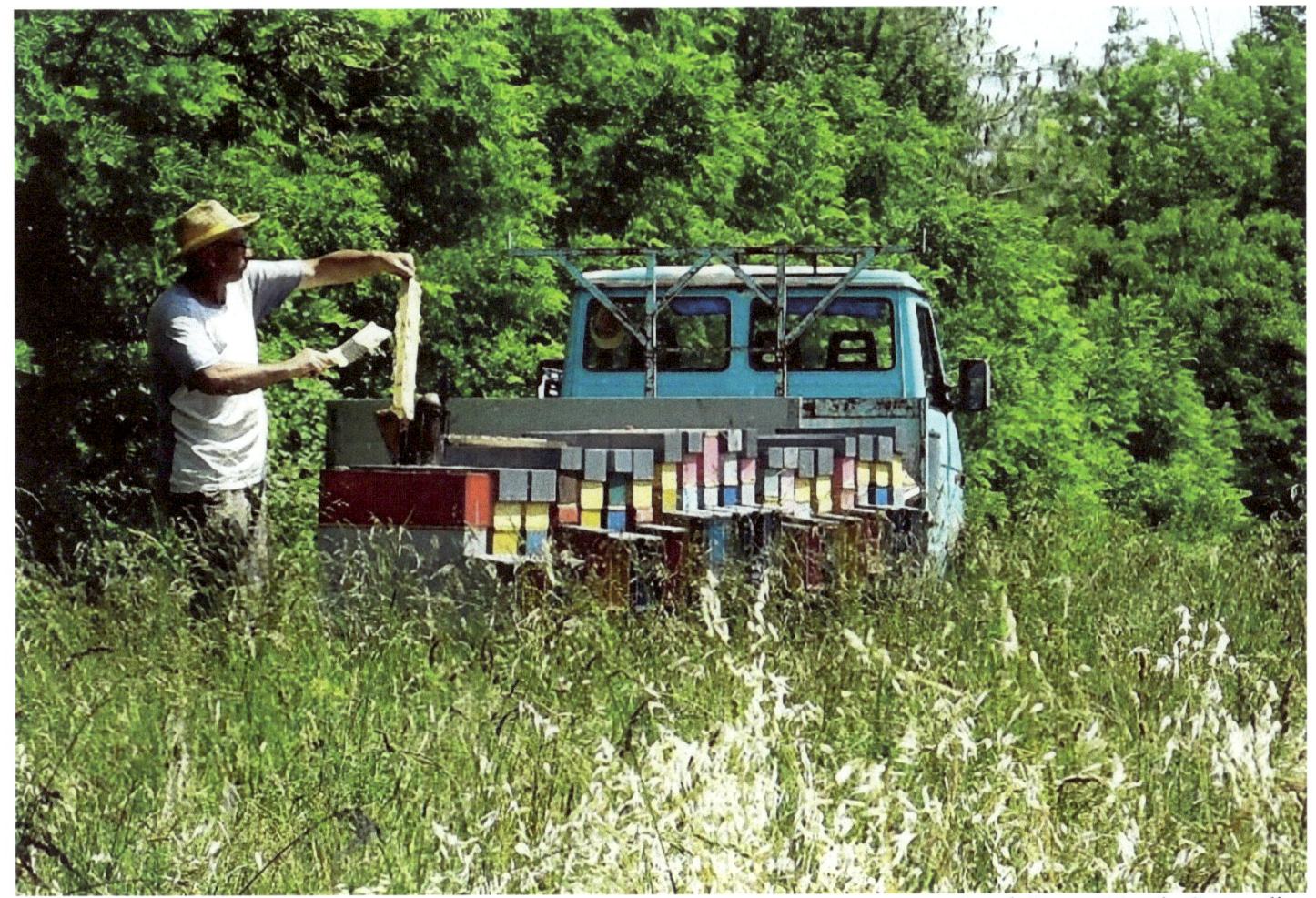

May   South Presa 11, via Sernaglia

Giuseppe Vaccari *(Montebello Vicentino, 2 febbraio 1866 - Milano, 6 settembre 1937) è stato un militare e politico italiano decorato con la Medaglia d'Oro al Valor Militare. Già ufficiale veterano della guerra italo-turca, fu comandante della Brigata Barletta nella prima guerra mondiale, poi capo di S. M. della 3ª armata, quindi comandante del XXII Corpo d'Armata. Dopo la guerra tenne il comando dell'XI e del XXVIII Corpo d'Armata. Fu sottocapo di Stato Maggiore dell'esercito (1920) e nel 1921 divenne capo di Stato Maggiore del Regio Esercito, prendendo il posto di Pietro Badoglio. Fu nominato Senatore del regno nel 1928 e nel 1936 il re gli conferì il titolo di conte.*
Alla sua memoria è dedicata la Presa XVI del Montello.

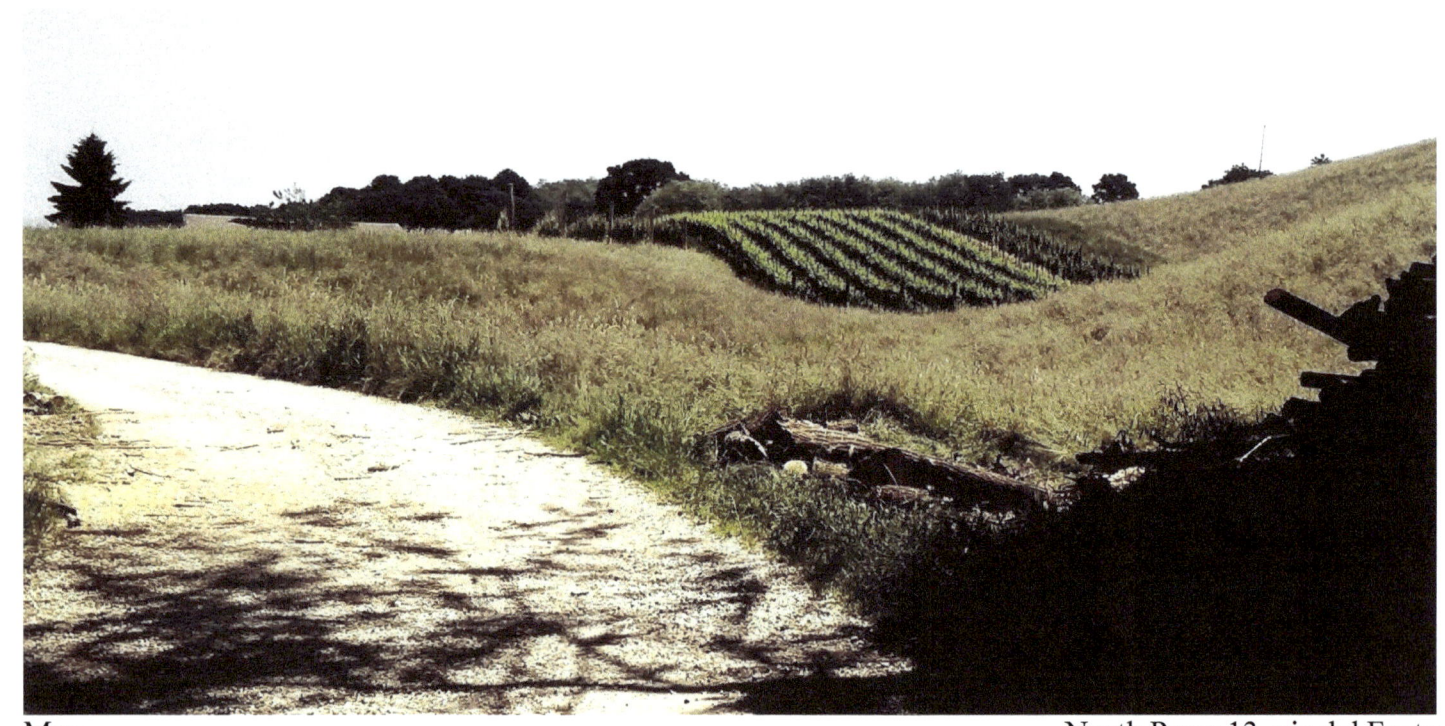

May   North Presa 13, via del Fante

Ivo Lollini (Castel d'Aiano, 25 May 1897 - Nervesa della Battaglia, 18 June 1918) was an Italian soldier decorated with the Gold Medal for Military Valor. Lieutenant in the 26th Assault Department, who died of wounds in the field on June 18, 1918, is buried in the cemetery of Arcade.
The Presa XVII of Montello is dedicated to his memory.

Ivo Lollini *(Castel d'Aiano, 25 maggio 1897 - Nervesa della Battaglia, 18 giugno 1918) è stato un militare italiano decorato con la Medaglia d'Oro al Valor Militare. Tenente nel 26 Reparto d'Assalto, morto per ferite sul campo il 18 giugno 1918, è sepolto nel cimitero di Arcade.*
Alla sua memoria è dedicata la Presa XVII del Montello.

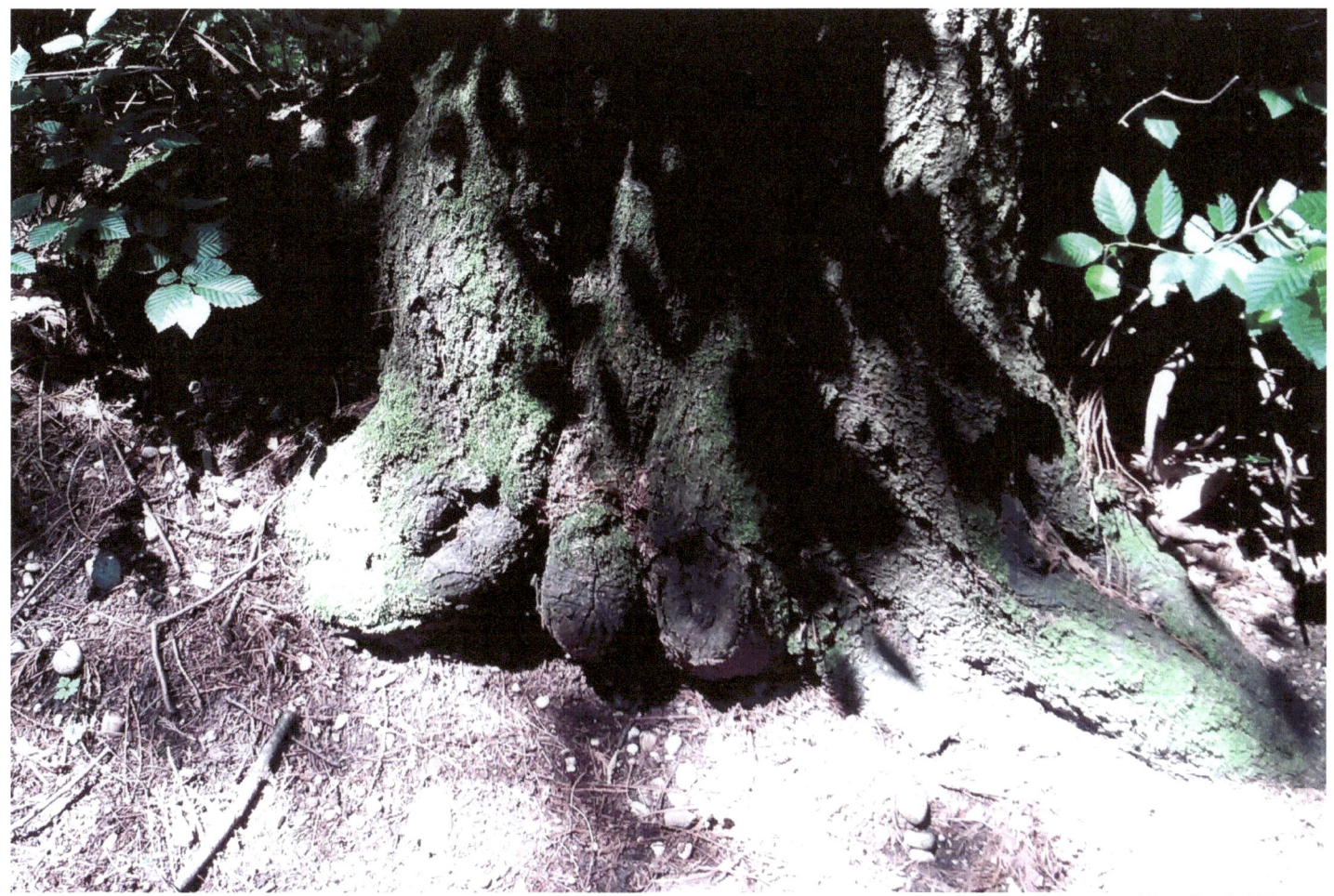

May
North Presa 13, via del Fante

In mid-March 1918 the regiments of the **"Campania" Brigade** (135th and 136th Infantry regiment) were transferred to the Montello area, where they became operational at the beginning of April: starting from 4th June, they restricted their sector of competence to the Ciano-Cascina Serena front. In the middle of the month the Austro-German commands launched the last offensive on the Piave: the "Campania" is now retracted in defense of the Colesel Val dell'Acqua-Val San Martino line, but on 21 and 22 June the resistance becomes a counter-offensive: on the 23rd the Piave is reached and the enemy is driven back across the river.

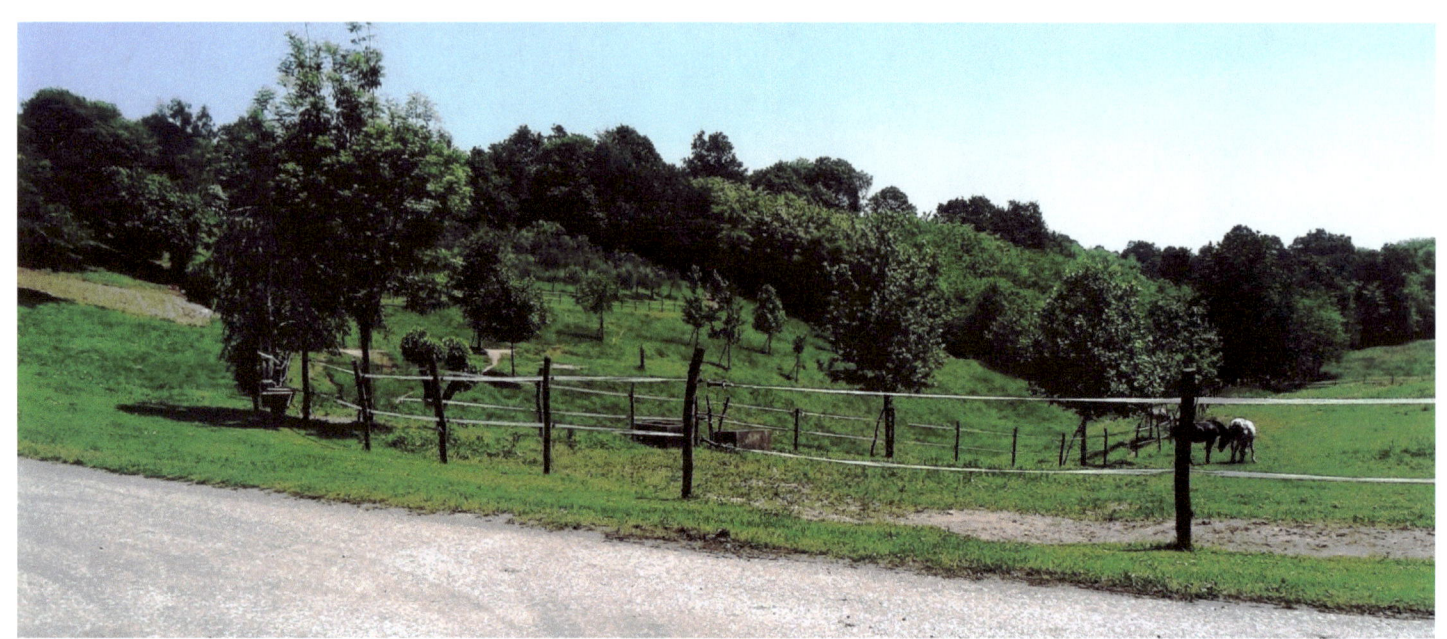

May — North Presa 13, via del Fante

*A metà del marzo 1918 i reggimenti della **Brigata "Campania"** (135° e 136° reggimento Fanteria) sono trasferiti nella zona del Montello, dove divengono operativi dall'inizio di aprile: dal 4 giugno restringono il loro settore di competenza al fronte Ciano-Cascina Serena. A metà del mese i comandi austro-tedeschi lanciano l'ultima offensiva sul Piave: la "Campania" è ora retratta a difesa della linea Colesel Val dell'Acqua-Val San Martino, ma il 21 e 22 giugno la resistenza si fa controffensiva: il 23 il Piave è raggiunto e il nemico è ricacciato al di là del fiume.*

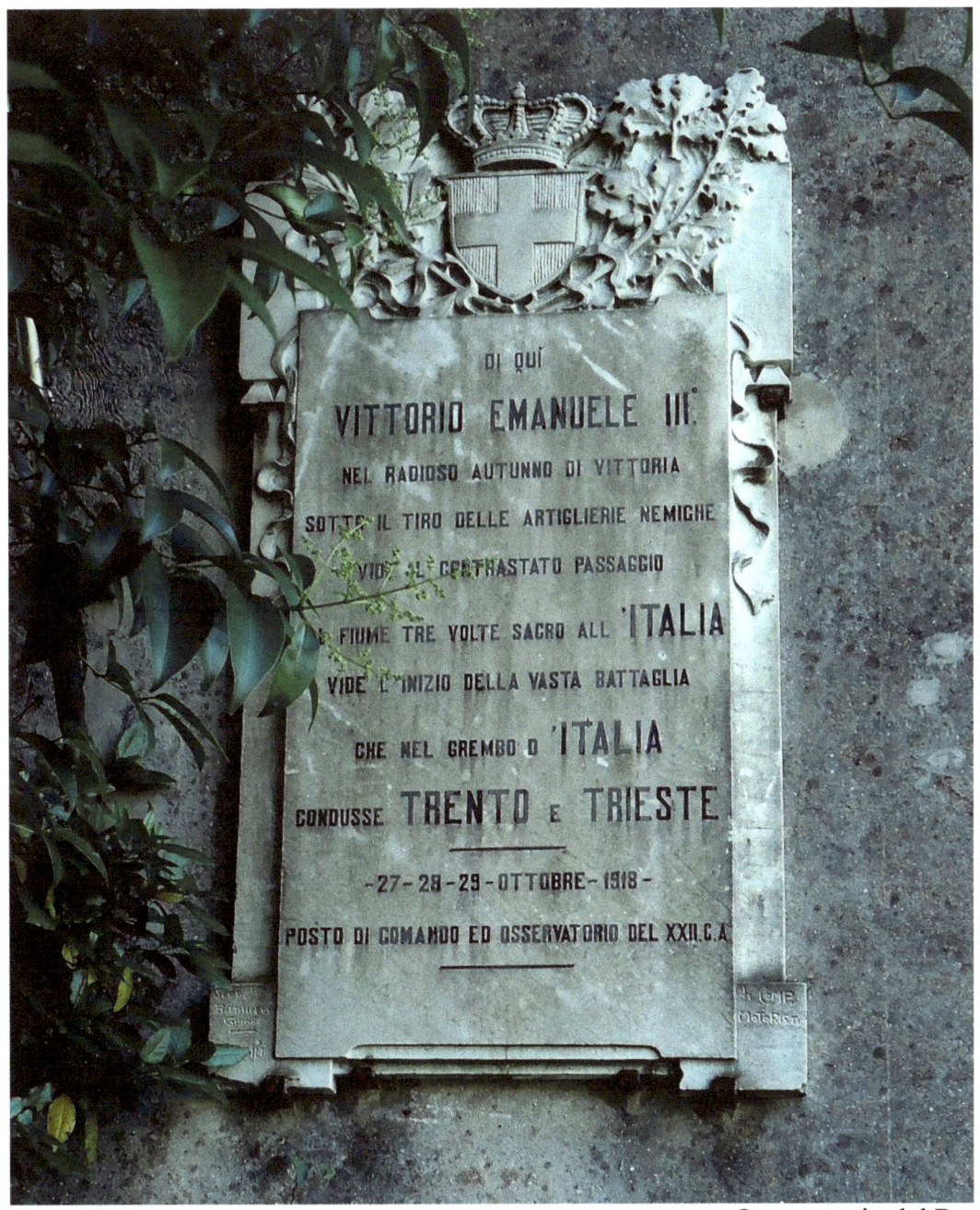

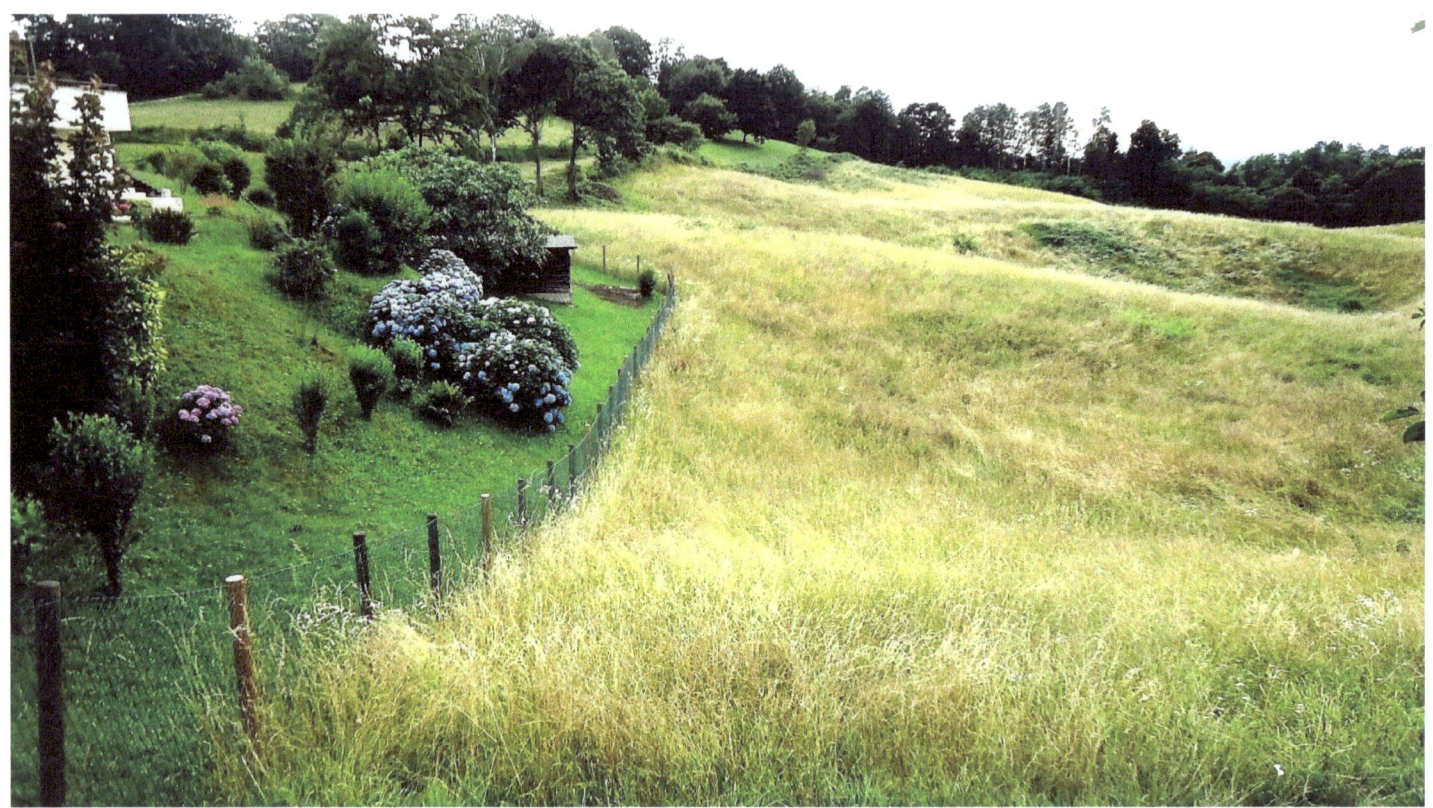

June   North presa 14, via della Vittoria

After a month of rest between Venegazzù and Biadene, the troops get back on line since the beginning of October. In view of the final offensive, the men are preparing to pass the Piave between Pederobba and Onigo: on 27 June however the passage of the river is hindered by the enemy artillery shooting, which causes the break of the catwalk and the death of 43 between officers and men of the troop. Only on the 29th the pontoniers manage to organize the ford of Piave and the objective assigned to the Brigade is soon reached.
The Presa XIX del Montello is dedicated to its memory.

Dopo un mese di riposo tra Venegazzù e Biadene, le truppe rientrano in linea dall'inizio di ottobre. In vista della offensiva finale, gli uomini si preparano a passare il Piave tra Pederobba e Onigo: il 27 giugno però il passaggio del fiume è ostacolato dal tiro dell'artiglieria nemica, che provoca la rottura della passerella e la morte di 43 tra ufficiali e uomini della truppa. Solamente il 29 i pontieri riescono ad organizzare il guado del Piave e l'obiettivo assegnato alla Brigata è presto raggiunto.
Alla sua memoria è dedicata la Presa XIX del Montello.

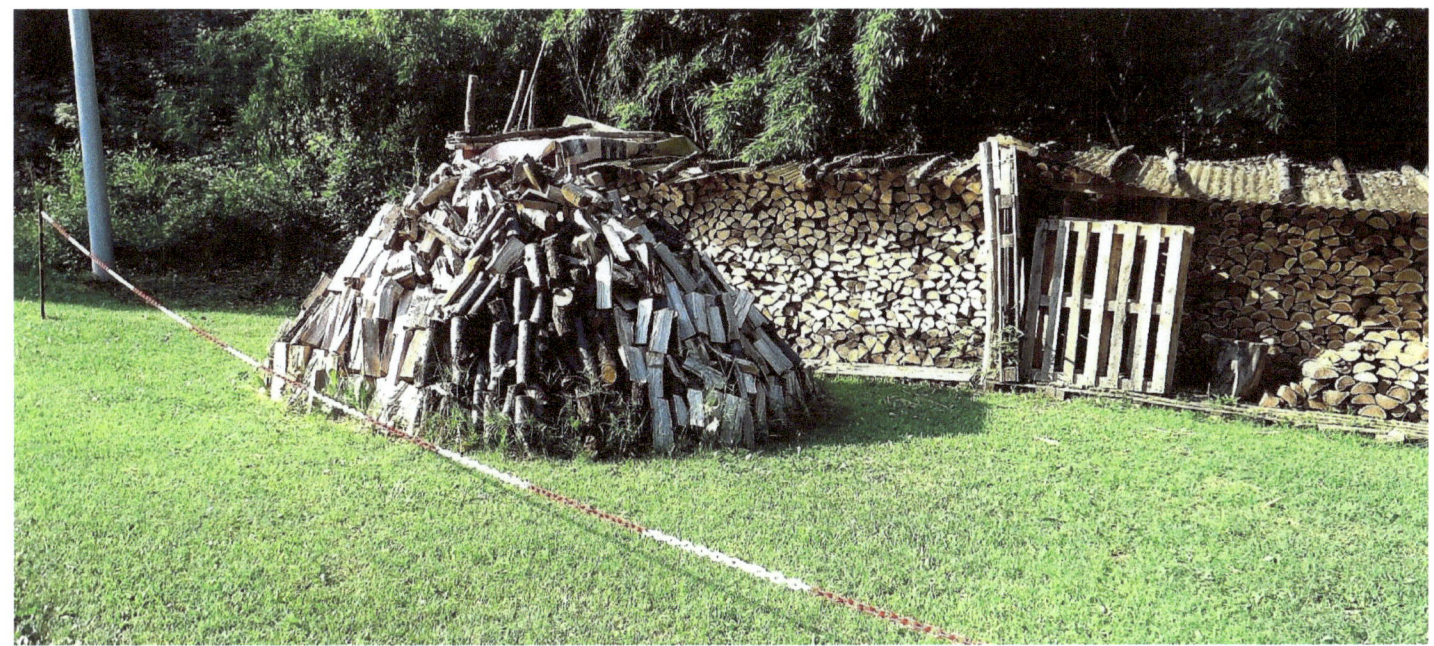

June   via 18 giugno

Emilio Bongioanni, (Turin, 30 September 1898 - Selva del Montello, 19 June 1918). Officer of the 96 Infantry regiment of Udine. On March 23, 1919 he was awarded the Gold Medal for Military Valor. The Presa XX del Montello is dedicated to his memory.

__Emilio Bongioanni__, (Torino, 30 settembre 1898 - Selva del Montello, 19 giugno 1918). Ufficiale del 96 reggimento Fanteria di Udine. Il 23 marzo 1919 gli venne conferita la Medaglia d'Oro al Valor Militare. Alla sua memoria è dedicata la Presa XX del Montello.

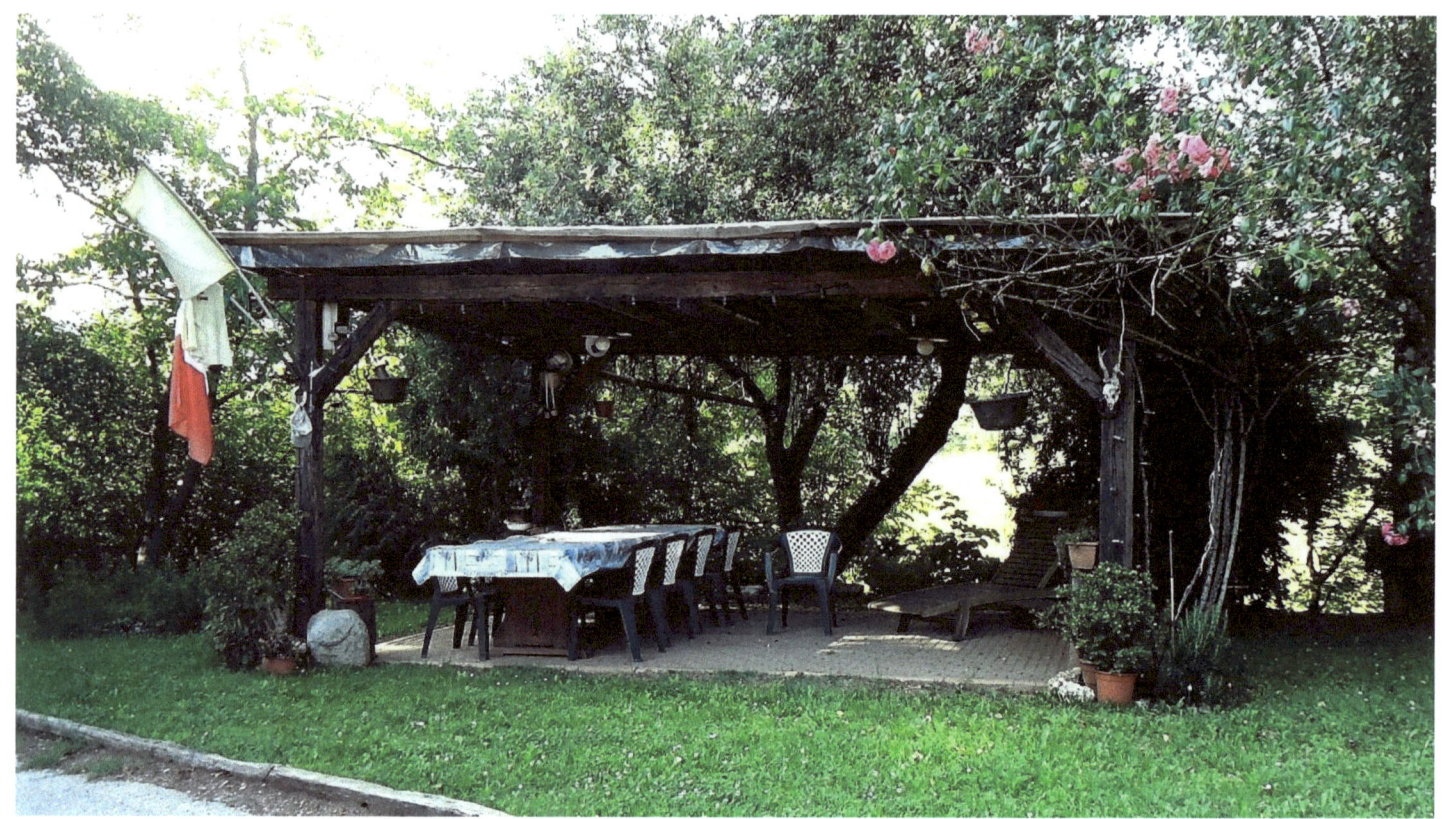

June — North Presa 15, Via Medaglie d'Oro

Asclepiade Gandolfo (Imperia, July 22, 1864 - Rome, August 31, 1925) was an Italian general. Career military, he came out of the Military Academy of Modena in 1885 as a second lieutenant, then captain of the Bersaglieri in 1898. At the outbreak of the First World War, he was placed in command of the 10th Infantry Regiment with the rank of lieutenant colonel. In 1916 he obtained the silver medal for military valor and the promotion to major general with the command of the Pisa Brigade. In 1917 he commanded the 31st division. In June 1918 he was promoted to lieutenant general and commander of the VIII Corps of the Army.

In 1921 he joined the national fascist party and at his residence, in Oneglia, it was drafted, together with Italo Balbo, Dino Perrone Compagni and Ulisse Igliori, the first regulation of the black shirts. Member of the Grand Council of Fascism, he was appointed by Mussolini in January 1923 prefect of Cagliari and in May 1924 general of Corpo d'Armata.

The Presa XXI of Montello is dedicated to his memory.

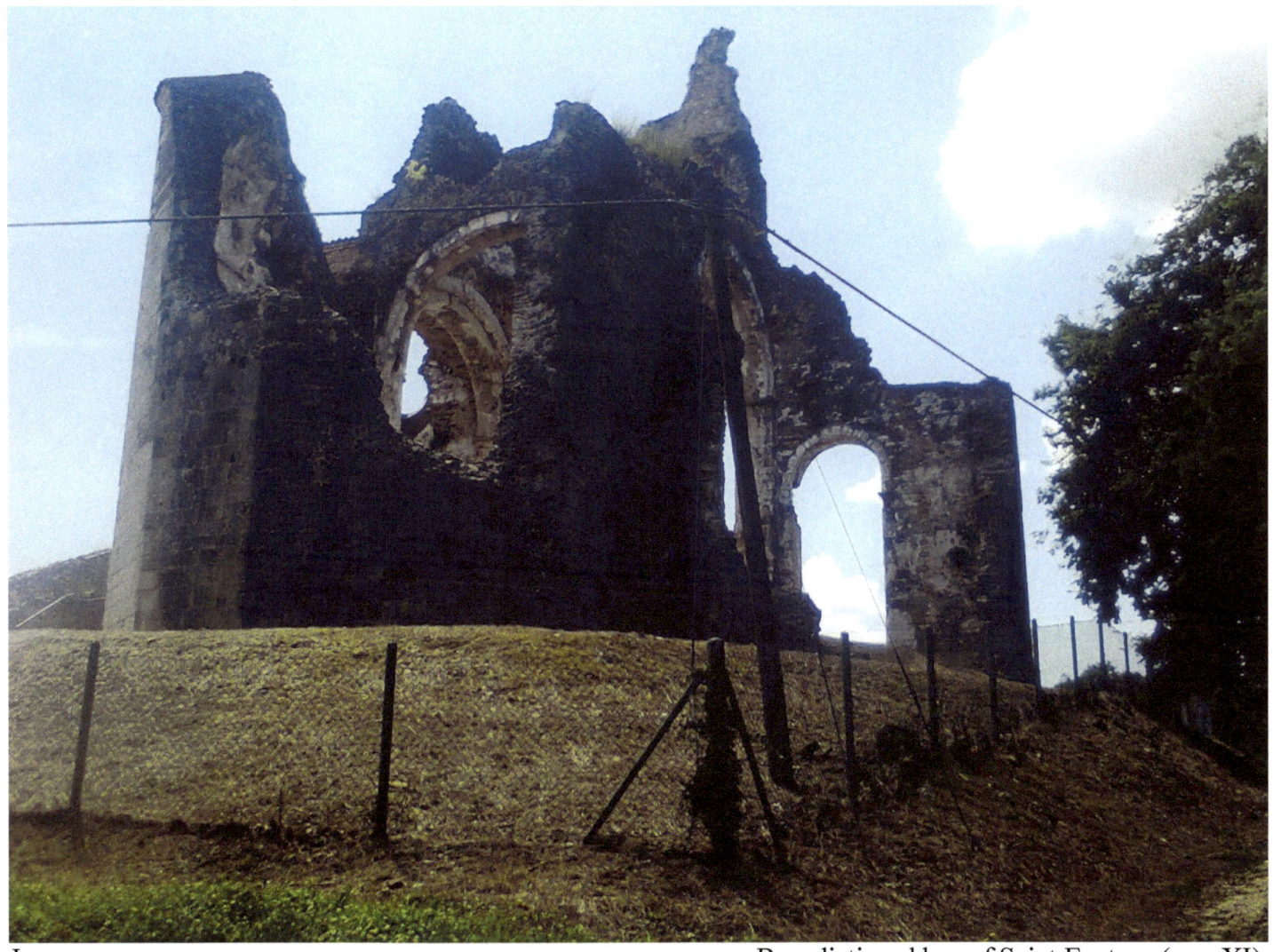

June — Benedictine abbey of Saint Eustace (sec. XI)

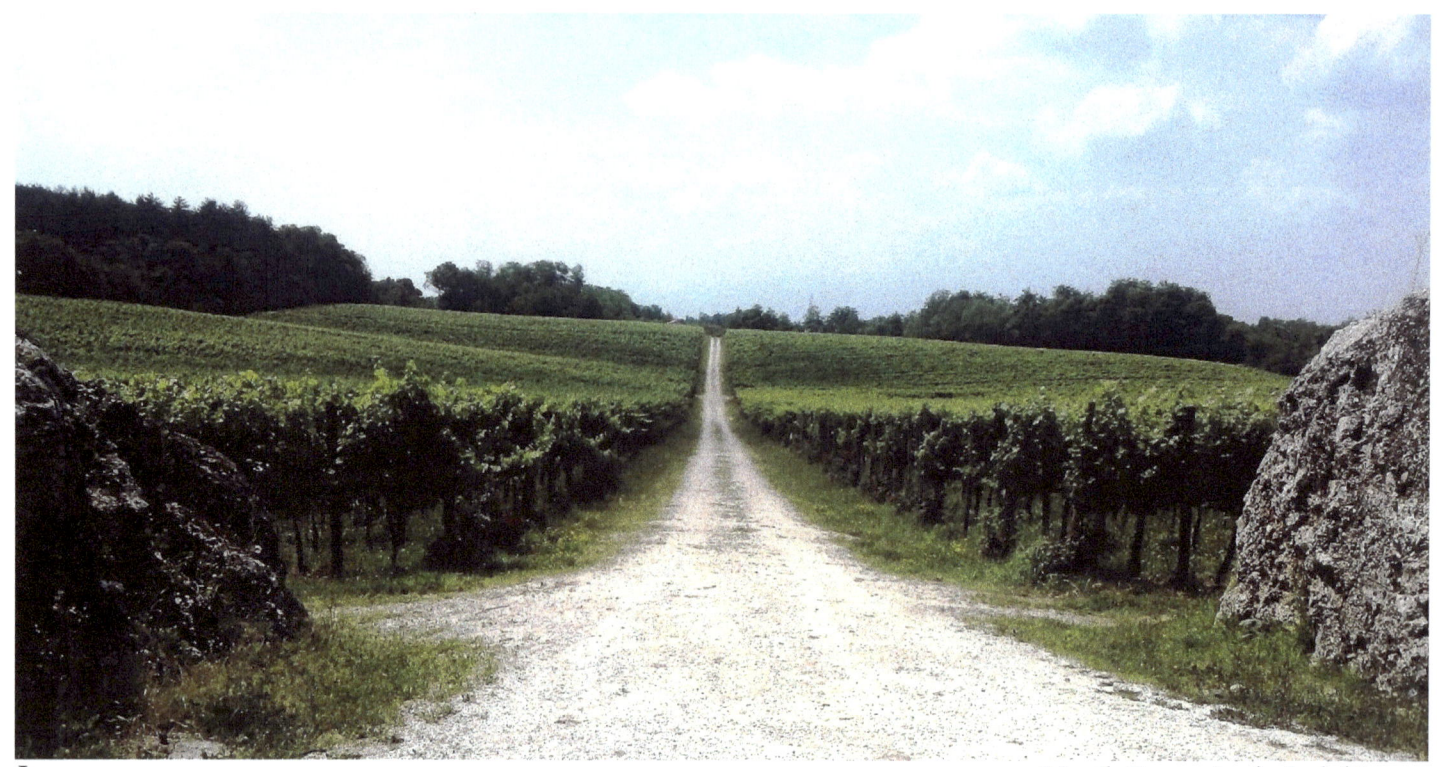

June   North Presa 4, via Luigi Lama

Asclepiade Gandolfo *(Imperia, 22 luglio 1864 - Roma, 31 agosto 1925) è stato un generale italiano. Militare di carriera, uscìto dall'Accademia militare di Modena nel 1885 come sottotenente, poi capitano dei bersaglieri nel 1898. Allo scoppio della prima guerra mondiale, fu posto al comando del 10° Reggimento Fanteria col grado di tenente colonnello. Nel 1916 ottenne la medaglia d'argento al valor militare e la promozione a maggiore generale con il comando della Brigata Pisa. Nel 1917 comandò la 31ª divisione. Nel giugno 1918 fu promosso tenente generale e comandante dell'VIII Corpo d'Armata.*

Nel 1921 aderì al partito nazionale fascista e presso la sua residenza, a Oneglia, fu redatto, insieme a Italo Balbo, Dino Perrone Compagni e Ulisse Igliori, il primo regolamento delle camicie nere. Membro del Gran consiglio del fascismo, fu nominato da Mussolini nel gennaio 1923 prefetto di Cagliari e nel maggio 1924 generale di Corpo d'Armata.

Alla sua memoria è dedicata la Presa XXI del Montello.

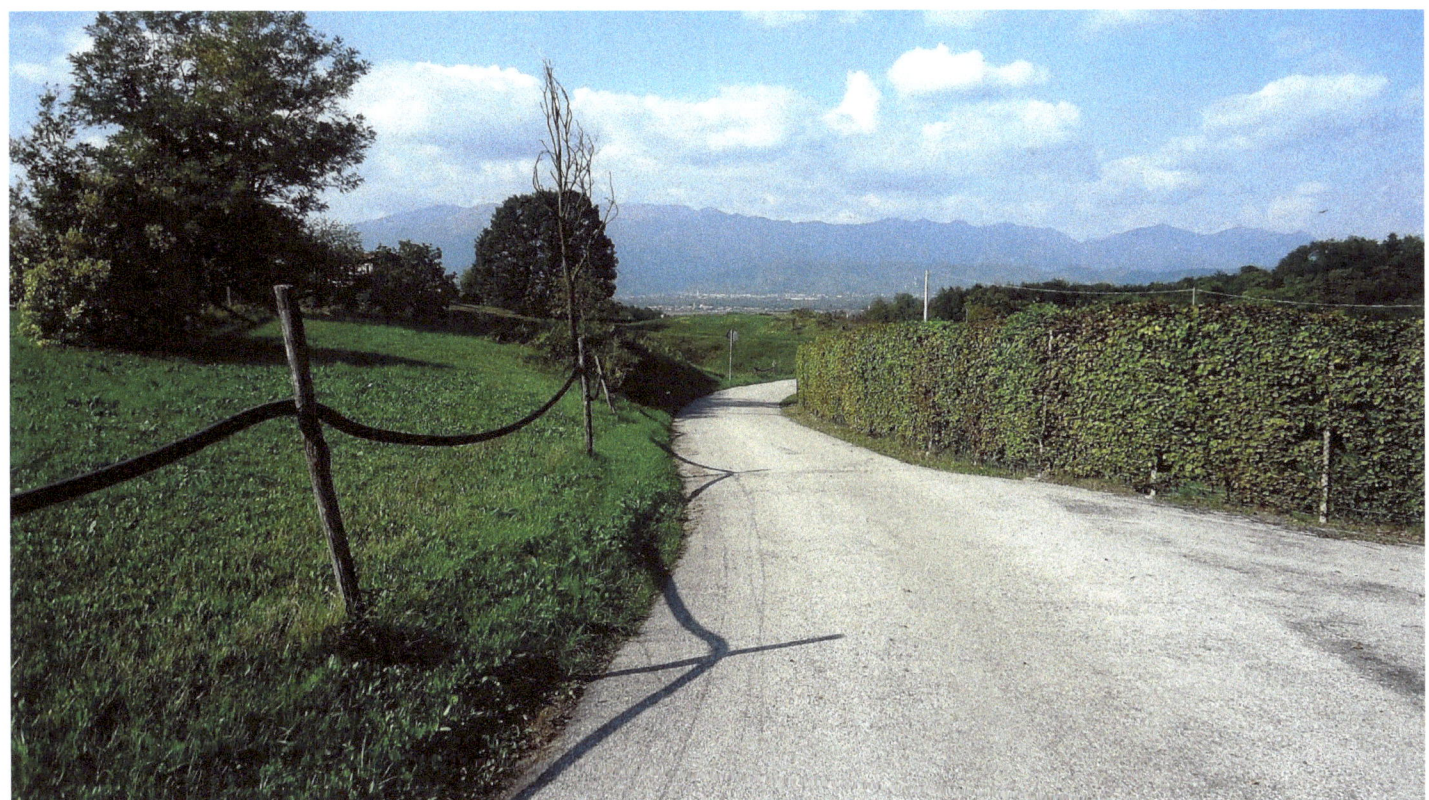

September · North Presa 9, via Giuseppe Mancino

Since the eleventh century the **Abbey of Sant'Eustachio** was a monastic settlement on the slopes of Montello, on the point where the panoramic hill overlooks Nervesa della Battaglia. Thanks to the rich endowments of Rambaldo III di Collalto, a family of Langobardic origin, formerly the lord and count of Treviso, the original settlement grew in importance, becoming an important seat of Benedictine Cassinesi monks, an order controlled directly by the papacy. With the powerful Collalto Counts, whose properties extended for most of the upper province of Treviso and throughout the Montello, the monastery became a very important Abbey, a destination for pilgrimages and retreats for the powerful local characters of the time.
The abbey suffered an initial destruction during the Guelph-Ghibelline war of 1229, protagonists Azzo d'Este and Ezzelino III da Romano and a second destruction in the war between the imperial troops Ungare and the armies of Trevigiano dominion in 1358.

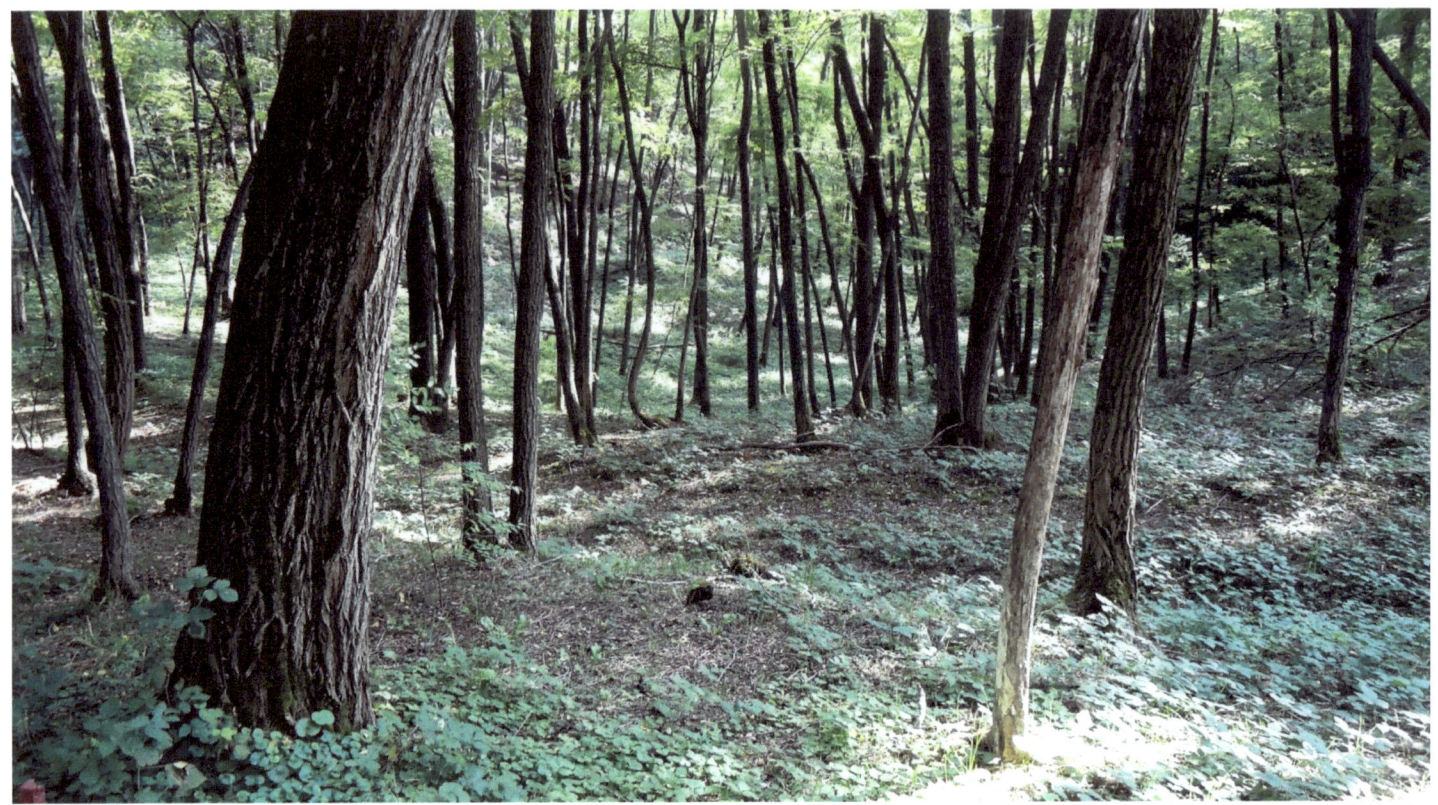

September — South Presa 14, via della Vittoria

*Fin dall'XI secolo l'**Abbazia di Sant'Eustachio** era un insediamento monastico sulle pendici del Montello, sul punto dove il panoramico colle sovrasta Nervesa della Battaglia. Grazie alle ricche dotazioni di Rambaldo III di Collalto, famiglia di origine longobarda, già signore e conte di Treviso, l'insediamento originario crebbe d'importanza, divenendo un'importante sede di monaci Benedettini Cassinesi, ordine controllato direttamente dal papato. Con i potentissimi Conti di Collalto, le cui proprietà si estendevano per gran parte dell'alta provincia di Treviso e su tutto il Montello, il monastero divenne una importantissima Abbazia, meta di pellegrinaggi e di ritiri per i potenti personaggi locali del tempo.*

L'abbazia subì una prima distruzione durante la guerra Guelfo-Ghibellina del 1229, protagonisti Azzo d'Este ed Ezzelino III da Romano e una seconda distruzione nella guerra tra le truppe imperiali Ungare e le armate della signoria Trevigiana nel 1358.

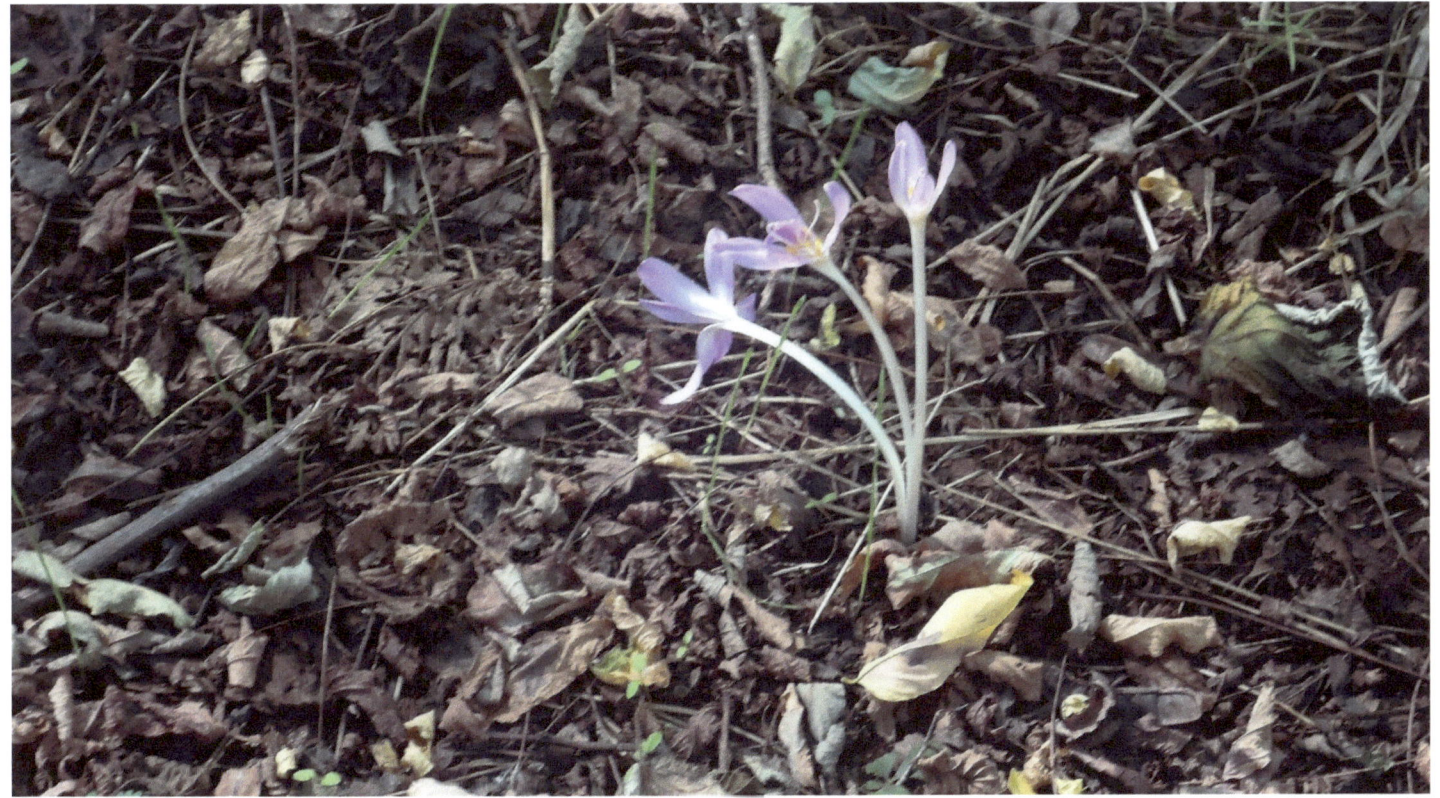

September   South Presa 14, via della Vittoria

Between the sixteenth and seventeenth centuries the abbey became an important cultural center. Here illustrious guests retired as Pietro Aretino, Monsignor Giovanni Della Casa (who composed the well-known Galateo) and Gaspara Stampa.

In 1521 there was a serious institutional crisis between the republic and religious institutions, the monastery was dissolved, while the buildings remained a simple place of worship. It was the beginning of the decay and the inevitable ruin. The coup de grace arrived in the early 1800s with the Napoleonic invasion, all religious rights and ecclesiastical properties were confiscated and dispelled. What was a splendid abbey was abandoned to negligence and ruin.

The last and final destruction occurred in 1917, after the Caporetto Route, when the building, being near the front of Piave, suffered the heavy artillery blows of the tragic battles of the First World War.

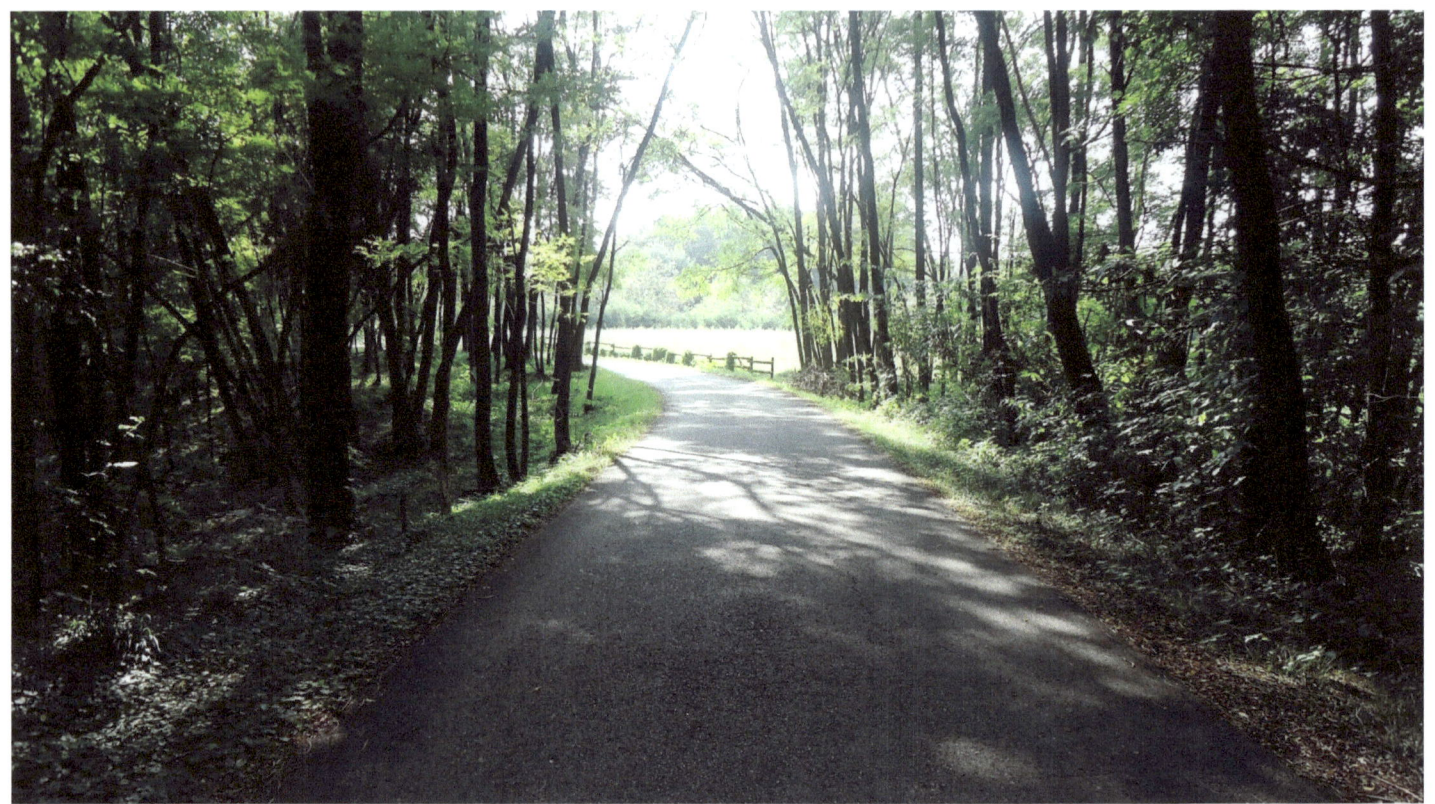

September — South Presa 14, via della Vittoria

Tra il Cinquecento e il Seicento l'abbazia divenne un importante polo culturale. Qui si ritirarono ospiti illustri come Pietro Aretino, Monsignor Giovanni Della Casa (che vi compose il noto Galateo) e Gaspara Stampa.

Nel 1521 si ebbe una gravissima crisi istituzionale tra repubblica e istituzioni religiose, il monastero venne sciolto, mentre gli edifici rimasero semplice luogo di culto. Fu l'inizio del decadimento e dell'inevitabile rovina. Il colpo di grazia arrivò nei primi anni del 1800 con l'invasione napoleonica, tutti i diritti religiosi e le proprietà ecclesiastiche vennero confiscate e spoliate. Quella che fu una splendida abbazia venne abbandonata all'incuria e alla rovina.

L'ultima e definitiva distruzione avvenne nel 1917, dopo la Rotta di Caporetto, quando l'edificio, trovandosi in prossimità del fronte del Piave, subì i pesanti colpi di artiglieria delle tragiche battaglie della I guerra mondiale.

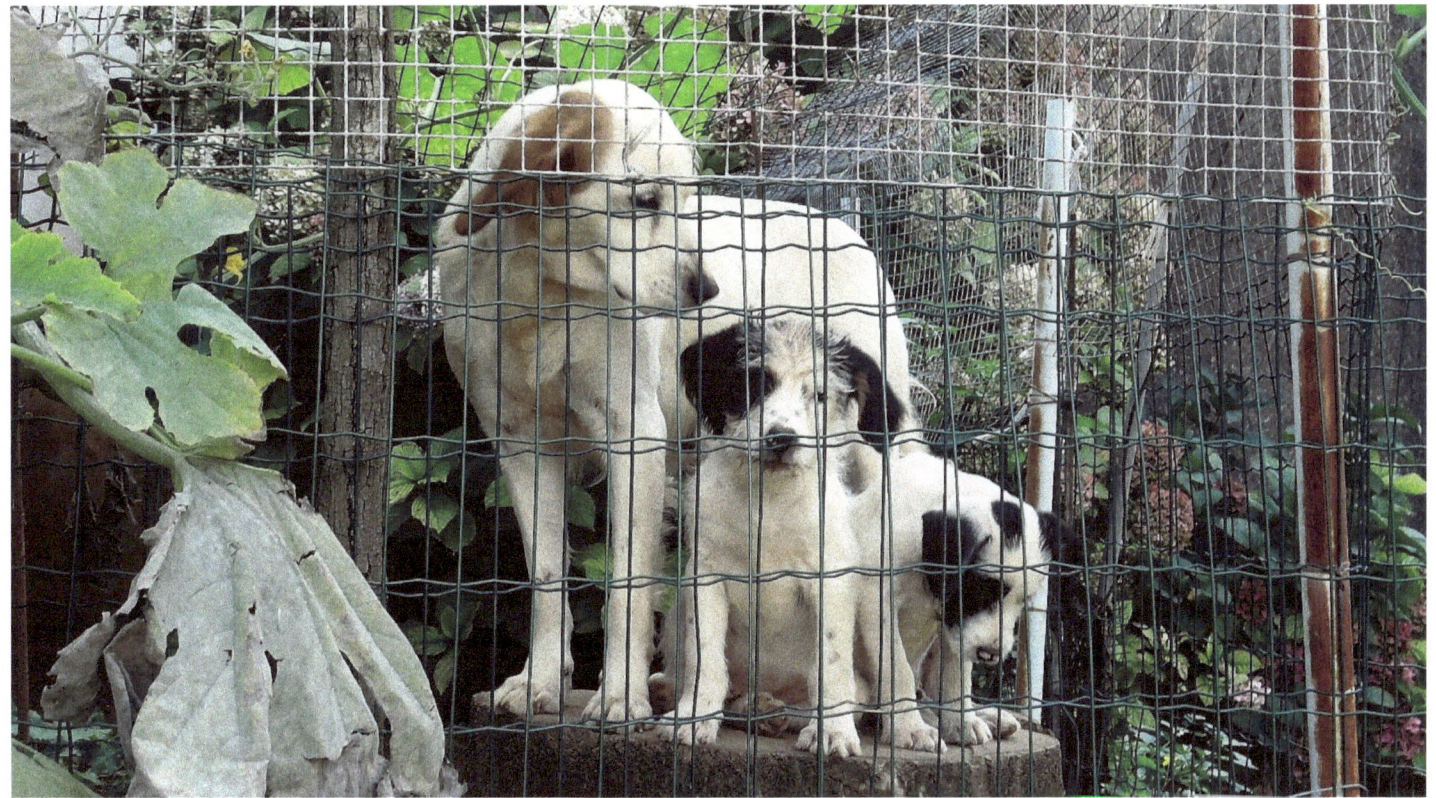

September   via La Militare

In the Municipality of Giavera del Montello, at the foot of the famous relief, theater of the Battle of the Solstice and that Final, a **British cemetery** has been built that houses the bodies of 417 Commonwealth soldiers. Like other churchyards across the Channel in Italy, the structure is very tidy: the gravestones are all the same, in white stone, which shows the generality of the deceased, the age at the time of death and the role in the army. In some cases there were also some touching sentences dictated by the parents or relatives of the deceased, the division badges and the religious symbols of belonging.

Because of the atmospheric agents today are not visible the original gravestones but copies, installed in the early 90s. At the end of the lawn is a stone altar on which the phrase "Their name liveth for evermore" is carved.

Nel Comune di Giavera del Montello, ai piedi del famoso rilievo teatro della Battaglia del Solstizio e di quella Finale, è stato costruito un **Cimitero Britannico** *che ospita le salme di 417 soldati del Commonwealth. Come altri camposanti d'oltremanica presenti in Italia, la struttura è molto ordinata: le lapidi sono tutte uguali, in pietra bianca, in cui sono riportate le generalità del defunto, l'età al momento del decesso e il ruolo nell'esercito. In alcuni casi sono state incise anche delle toccanti frasi dettate dai genitori o parenti del defunto, gli stemmi di divisione e i simboli religiosi di appartenenza.*
A causa degli agenti atmosferici oggi non sono visibili le lapidi originali ma delle copie, installate all'inizio degli anni '90. Alla fine del prato è visibile un altare in pietra su cui è stata scolpita la frase "Their name liveth for evermore" (Il loro nome vive per sempre).

The **Ossuary of the Fallen** of the Great War is at Fagarè della Battaglia, at the point where the Austrians reached the maximum advance. On the sides of the Ossuary have been transported the walls on which appear some famous writings, the work of Bersagliere war propagandist Ignazio Pisciotta, as "All heroes! Or the Piave, or all coupled" and "Better a lion's day than 100 years from sheep".

*L'***Ossario dei Caduti** *della Grande Guerra è a Fagarè della Battaglia, nel punto in cui gli austriaci raggiunsero la massima avanzata. Ai lati dell'Ossario sono stati trasportati i muri su cui figurano alcune celebri scritte, opera del Bersagliere propagandista di guerra Ignazio Pisciotta, come "Tutti eroi! O il Piave, o tutti accoppati" e "Meglio un giorno da leone che 100 anni da pecora".*

The **Ossuary to the Italian fallen on the Montello** is located in Nervesa della Battaglia, with an adjoining small historical museum. In Pederobba instead there is the French one.
In addition to the French, US and British fighters, also those Czechoslovak soldiers who passed to the Italian army must be remembered. Being these citizens of the Austro-Hungarian Empire, if captured they were executed because they were considered traitors to the homeland. On the tree-lined avenue that led from Conegliano to S. Vendemiano, tens were hanged there.

*L'***Ossario ai Caduti italiani sul Montello** *si trova a Nervesa della Battaglia, con annesso piccolo museo storico. A Pederobba si trova invece quello francese.*
Vanno ricordati, oltre ai combattenti francesi, statunitensi e britannici, anche quei soldati cecoslovacchi che passarono dalla parte dell'esercito italiano. Essendo costoro cittadini dell'Impero austro-ungarico, se catturati venivano giustiziati in quanto considerati traditori della patria. Sul viale alberato che portava da Conegliano a S. Vendemiano, ne vennero impiccati a decine.

www.ingramcontent.com/pod-product-compliance
Lightning Source LLC
Chambersburg PA
CBHW041932240526
45473CB00034B/918